CHAMBRE DE COMMERCE DE LYON

Mission Économique au Maroc

RAPPORT DE M. ALFRED CHARMET

Lauréat de l'École supérieure de Commerce de Lyon
Élève des Cours d'Enseignement colonial

LYON
A. REY & Cie, IMPRIMEURS-ÉDITEURS
4, RUE GENTIL, 4

1907

CARTE DU MAROC

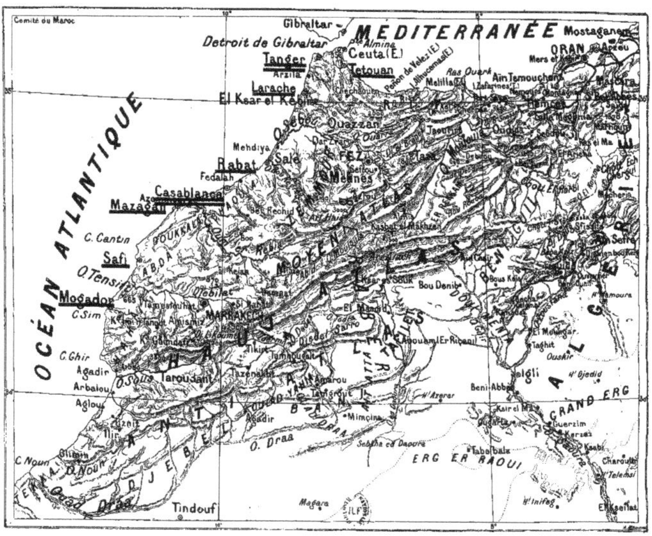

Ports à police franco-espagnole.

— — française . . .

— — espagnole . . .

CHAMBRE DE COMMERCE DE LYON

MISSION ÉCONOMIQUE AU MAROC

RAPPORT DE M. ALFRED CHARMETANT

Lauréat de l'École supérieure de Commerce de Lyon
Élève des Cours d'Enseignement colonial

LYON
A. REY & Cie, IMPRIMEURS-ÉDITEURS
4, RUE GENTIL, 4

1907

CHAMBRE DE COMMERCE DE LYON

COMMISSION DE COLONISATION

Dans la réunion de la Commission de colonisation tenue le 10 novembre 1906 où étaient présents :

MM. Aug. Isaac, président de la Chambre de commerce ;
J. Coignet, vice-président ;
P. Vindry, secrétaire ;
G. Chambeyron, trésorier ;

MM. Ulysse Pila, président de la Commission de colonisation ;
C. Payen, membre de la Chambre de commerce ;
A. Teste, — —
A. Lignon, — —

MM. le Dr J. Navarre, M. Courant, M. Zimmermann, C. Vaney, P. Brouilhet et Benali Fekar, professeurs de l'Enseignement colonial organisé par la Chambre de commerce ;

M. Alfred Charmetant a donné lecture du rapport qu'il avait rédigé en suite de l'accomplissement de la mission commerciale d'études au Maroc dont la Chambre de commerce l'avait chargé en 1906.

La Commission, à l'unanimité, a adressé ses félicitations à M. Alfred CHARMETANT et a décidé l'impression de son rapport reproduit ci-après.

Dans sa séance du 29 novembre 1906, la Chambre de commerce a ratifié à l'unanimité la décision de sa Commission de colonisation.

Le Président de la Chambre de commerce,
AUG. ISAAC.

Le Président de la Commission de colonisation,
ULYSSE PILA.

MISSION ÉCONOMIQUE AU MAROC

PREMIÈRE PARTIE

RÉCIT DE VOYAGE

Avant de commencer le compte rendu de mon voyage, je tiens d'abord à exprimer à la Chambre de commerce de Lyon toute ma gratitude, pour l'honneur qu'elle m'a fait et pour la confiance qu'elle m'a témoignée, en me chargeant d'un voyage de reconnaissance et d'études commerciales au Maroc.

Je n'ai pas la prétention de présenter un travail complet ; je me contente d'apporter tous les renseignements qu'il m'a été possible de recueillir au cours de mon voyage en y mettant toute mon activité et toute ma bonne volonté.

On se rendra compte, du reste, qu'un séjour de quelques jours dans chaque ville, ne peut permettre d'étudier et d'élucider complètement les mille questions si complexes qui touchent au commerce d'un pays comme le Maroc.

La première partie de ce rapport sera pour ainsi dire le journal, le récit de mon voyage.

Dans la deuxième partie, je donnerai une courte notice sur chaque port et sur son commerce.

Aux conclusions, j'ajouterai une série de notes sur divers sujets spéciaux, notamment les poids et mesures, les services de navigation, les moyens de communication, la main-d'œuvre, etc.

En me rendant à Tanger, au commencement de 1906, je me suis arrêté à Oran, entre deux bateaux, pour aller visiter la frontière marocaine dont il avait été fort question à un moment donné. La France avait pensé, en effet, pénétrer le Maroc par l'Algérie et s'assurer la prépondérance économique par l'intermédiaire de sa colonie.

Un examen approfondi de la question nous montrerait, au point de vue économique, le peu de fondement de ces prévisions.

Sur la frontière marocaine, on ne rencontre comme centre de commerce qu'Oudjda qui mérite quelque intérêt. Sa situation en fait un marché important. Cette ville est placée, en effet, à une dizaine de kilomètres de la frontière, en territoire marocain, tout près de la ville algérienne de Lalla-Marnia où doit aboutir prochainement le chemin de fer d'Oran à Tlemcen. On estime que, dans un an, il sera terminé.

Actuellement, le chemin de fer mène en six heures d'Oran à Tlemcen. Pour atteindre Marnia, il faut ensuite sept heures de diligence à travers un massif montagneux peu peuplé et peu cultivé.

Bab-El-Khemis à Marrakech.

Une route part de Marnia dans la direction de Nedroma et de Nemours, tandis que du côté du Maroc la route s'achemine jusqu'à la frontière où ont été construits une maison cantonnière et, à peu de distance, un poste de zouaves.

Aussitôt après avoir franchi la frontière et jusqu'à Oudjda, on ne trouve plus qu'une piste à peine carrossable qui traverse une plaine caillouteuse, dénudée, aride et peu habitée.

Oudjda est pour ainsi dire une oasis au milieu d'un désert. Des irrigations apportent aux jardins qui entourent la ville une fraîcheur et une fertilité merveilleuses. Les jardins sont plantés d'oliviers, de figuiers, d'amandiers et autres arbres fruitiers à l'ombre desquels poussent céréales et légumes.

Le climat de la région est continental, très chaud pendant l'été et froid pendant l'hiver.

La ville est entourée de murs en pisé, crénelés, flanqués de tours. En y entrant, on a de suite l'impression du manque d'organisation et du laisser-aller qui président à la destinée de toutes les villes marocaines. On a peine à s'imaginer des rues aussi sales et aussi peu entretenues. Vers les portes d'entrée, des animaux crevés finissent de pourrir, tandis que, à l'intérieur, la moindre pluie transforme la ville en marais fangeux.

Par sa proximité de l'Algérie, Oudjda était le point de concentration des produits marocains de toute la région de la Moulouya et du versant Est de l'Atlas.

Le marché d'Oudjda a beaucoup perdu à la suite de la création du

Le Port de Mélilla.

chemin de fer de Beni-Ounif-de-Figuig et des marchés français dans la zone frontière. Mais ce furent les troubles occasionnés par le prétendant qui portèrent le plus gros coup au commerce d'Oudjda.

Les bœufs faisaient surtout l'objet d'un gros trafic.

Ceux de la région de Fez et même des tribus plus éloignées étaient achetés par des négociants de Fez et dirigés sur le marché d'Oudjda. L'avantage d'employer cette voie consiste en ce que, entrant en Algérie par terre, les produits marocains ne paient pas de droits de douane, alors que, importés par mer, ils ont à supporter des droits élevés. Les expéditeurs ont arrêté momentanément leurs envois, car ils auraient été sûrement pillés au passage dans les tribus soumises au prétendant. Un peu de sécurité rendrait vite à Oudjda sa prospérité d'il y a quelques années.

Une initiative intéressante à signaler dans cette région est celle prise par M. Say qui a fondé un petit port à la frontière même du Maroc, sur la rive droite du Kiss, en face de la forteresse marocaine de Saïda. Une petite jetée était en construction au commencement de cette année. Le marché de Port-Say est très fréquenté par les indigènes, les négociants viennent s'y installer et la ville se construit petit à petit. Une compagnie de tirailleurs est cantonnée près de la ville. Un décret a créé, en 1903, un bureau de douane pour l'importation et l'exportation des marchandises par la frontière de terre et de mer.

En somme, Port-Say est dans une excellente situation pour approvisionner le Maroc septentrional. Il est appelé à se développer jusqu'au jour où la pacification du pays permettra la création d'un port plus à l'Ouest, près de l'embouchure de la Moulouya.

Après mon retour à Oran, je m'embarquais de nouveau et j'arrivais, le 23 janvier 1906, à Tanger où je séjournais assez longtemps, en attendant la fin de l'interminable conférence d'Algésiras. Cependant c'est sur Tanger que je m'attarderai le moins, parce que c'est la ville la plus connue des Européens et il faut éviter l'erreur commune qui est de croire que Tanger est le Maroc ou la principale ville du Maroc. Non seulement Tanger n'est pas tout le Maroc, mais il est pour ainsi dire en dehors. C'est certainement une des villes les plus cosmopolites qui existent : Allemands, Français, Anglais, Américains, Belges, Italiens, etc., se trouvent côte à côte et vivent au milieu d'une population arabe qui n'en transforme pas pour cela une seule de ses habitudes. Que l'on visite le quartier arabe de la kasbah : tel il est aujourd'hui, tel il était il y a cent ans.

La nombreuse population européenne de Tanger, sa situation à l'entrée de la Méditerranée, ont fait de cette ville un centre d'affaires important, auquel sa position dans le Maroc ne lui donnait pas droit. Les Allemands ont commencé à construire le môle et il est certain que ces travaux renforceront le trafic de la ville, en lui donnant plus de facilités.

Tanger reçoit des courriers réguliers d'Europe tous les jours, sauf le dimanche. Ils arrivent par voie ferrée à Cadix ou à Algésiras d'où la Compagnie transatlantique les amène à Tanger.

Plusieurs câbles aboutissent à Tanger, notamment ceux de Cadix et d'Oran. Ces facilités de communication font que ce port est le siège de beaucoup de maisons de commerce ayant des agences à la côte.

Du jour où ces mêmes facilités existeront à la côte, ces agences de Tanger n'auront plus de raison d'être, car les régions riches du Maroc ont leurs débouchés du côté de l'Atlantique; c'est là que seront les vrais centres du commerce.

Tanger, en effet, est adossé à des chaînes de montagnes parallèles à la mer, entrecoupées parfois de vallées marécageuses, par conséquent n'a pas de communications naturelles faciles avec l'intérieur.

Comme point de transit, Tanger a, par contre, une situation exceptionnelle. Placée sur la route des paquebots allant de l'Europe septentrionale à la Méditerranée et en Orient, elle est appelée à enlever à Gibraltar le peu de transit qui lui reste. Le marché du charbon s'est déjà transporté à Oran et à Alger ; le reste du commerce se déplacera en faveur de Tanger où les navires trouveront, non seulement à faire des vivres et du charbon, mais auront l'occasion de prendre ou de déposer du fret.

Battage du blé.

Le seul port marocain ouvert avec Tanger au commerce européen sur la Méditerranée est Tétouan, rendu célèbre par la guerre de 1860 entre le Maroc et l'Espagne.

Pour le voyageur qui désire aller à Tétouan, ce n'est pas chose bien aisée ; cependant une combinaison se présentant tous les quinze jours permet de faire le voyage assez rapidement. Un seul bateau de la Compagnie Bland y va à peu près régulièrement de Tanger tous les samedis soir, arrive à 7 heures du matin à Tétouan, mais repart le jour même, de sorte qu'on en serait réduit à rester huit jours à Tétouan, si heureusement la Compagnie Touache ne mouillait à l'embouchure du Rio Martill toutes les quinzaines, le mardi matin. Cela permet de passer deux jours à Tétouan, temps suffisant pour avoir une idée de la ville, du commerce qui s'y fait et peut s'y faire.

Au moment où j'étais à Tanger, il ne fallait pas songer à aller à Tétouan par terre, ce qui en temps ordinaire est chose facile, puisqu'il n'y a que 70 à 80 kilomètres, mais la route était alors coupée par les fameux brigands Raissouli et Valiente et j'ai dû faire l'aller et le retour par mer.

La ville de Tétouan n'est pas, à proprement parler, un port ; on débarque à l'embouchure du Rio Martill et on a une douzaine de kilomètres à faire dans une vaste plaine pour arriver à la ville qui est située dans un très beau site, au pied de hautes montagnes. Je ne m'attarde pas sur le côté pittoresque dont M. René Lecler, dans son livre sur le *Maroc septentrional*, a donné des descriptions très détaillées.

L'eau est abondante dans toute la ville ; dans la plupart des maisons on trouve des jets d'eau, ou tout au moins des bassins.

Les locations sont bon marché en ville. Pour 20 à 30 francs par mois, on peut avoir une belle maison, souvent avec de l'eau.

Les environs, surtout dans la partie sud de la ville, sont très beaux. Les arbres fruitiers les plus variés, orangers, oliviers, amandiers, pêchers, abricotiers, figuiers, etc., sont très nombreux et des légumes de toutes sortes sont cultivés avec succès : cardons, artichaux, fèves, choux, pommes de terre, etc.

M. Gentil a fait plusieurs excursions dans les environs de Tétouan et en a rapporté une excellente impression.

Le premier port de la côte de l'Atlantique sur lequel je me suis dirigé est Casablanca.

Le trajet demande dix-huit heures sur l'*Oued Sbou*, de la Compagnie Paquet. La houle, qui règne à peu près constamment sur la côte atlantique du Maroc, rend ces voyages pénibles pour ceux qui craignent la mer.

Au sortir de Tanger, on va doubler le cap Spartel qui forme l'extrémité ouest du détroit de Gibraltar. Là se trouve le seul phare existant au Maroc, et, remarquons-le aussi, sa construction est à peu près la seule chose qu'ait obtenu le corps diplomatique. Toutes demandes de concessions, permissions de toutes sortes sont refusées en principe par le sultan ; il y a bien des chances pour que le Maghzen ne change pas sa ligne de conduite et que, malgré la conférence d'Algésiras, toute demande soit, non pas refusée, mais sans réponse. Aussi, au Maroc, qui est encore, quoi qu'on dise, un des pays où on a le plus de liberté, il vaut mieux ne rien demander et agir à sa guise : vous voulez acheter, construire, faire une modification quelconque à un chemin, vous demandez l'autorisation, c'est en vain que vous l'attendrez, mais faites, personne n'osera vous dire quelque chose.

On brûle Larache et Rabat, ports à barre, pour arriver à Casablanca dont la rade est sûre à peu près à toutes les époques de l'année.

De la mer, Casablanca apparaît comme une ligne blanche ; c'est une ville plate, sans aucun accident de terrain, les rues s'y croisent dans tous les sens, formant un vrai labyrinthe où il n'est pas facile de se retrouver. La ville a un aspect triste et sévère, avec des ruelles étroites, comme partout sans aucun entretien. A quoi sert d'avoir une voirie puisqu'on vit sans elle? C'est bien le principe marocain : le minimum d'efforts pour vivre! A quoi servent les routes, les ponts, les chemins de fer, puisqu'on peut vivre en s'en passant?

A chaque pas, la rue est encombrée par des groupes de chameaux accroupis devant les magasins. On les charge de sucre et surtout de farine et de semoule; l'année 1905 n'a pas donné de bonnes récoltes

Le Marché au charbon (Mazagan).

et les Marocains, qui ne font pas encore partie de Sociétés de prévoyance sont obligés, pour vivre en attendant la prochaine récolte, de se fournir de semoules françaises.

A mon second passage dans la ville, les grains commençaient à affluer, notamment la coriandre; de gros tas s'amoncelaient dans les magasins des négociants et aussi dans la rue en attendant le criblage au van.

De Casablanca, notre navire l'*Oued Sbou* qui a déchargé plus de 6000 colis en quatre jours nous emmène à Mazagan.

La rade semblerait assez sûre, au moins à première vue, abritée qu'elle est par le cap Mazagan; cependant elle est semée de ci et de là d'épaves qui prouveraient le contraire. Pendant longtemps encore ces épaves fourniront aux maréchaux-ferrants et forgerons du pays le fer nécessaire à la confection d'outils indigènes. Elles sont pour eux une mine inépuisable.

La ville de Mazagan, à proprement parler, est assez petite et entourée de vieux remparts portugais qui abritent deux petits bassins de 150 m. × 40 m. où viennent se ranger les barcasses du Gouvernement, qui font le service d'embarquement et de débarquement. A marée basse, il n'y a à peu près point d'eau dans les bassins ; à vives eaux, il y en a 2 à 3 mètres.

La population, trop serrée dans les murs, a débordé au dehors. De vastes magasins ont été construits à l'extérieur des murs et on peut dire que c'est là que se trouve le centre du commerce.

Pendant longtemps, notre agent consulaire a été seul pour maintenir le prestige de notre commerce. Depuis quelque temps sont venus s'adjoindre un hôtelier très complaisant qui tient un excellent hôtel, un boucher, et, enfin, la Compagnie marocaine vient d'installer une agence. La colonie française s'était encore augmentée récemment des deux agents de l'Emprunt marocain et du Dr Blanc dont j'ai eu le regret d'apprendre le décès il y a quelques jours; c'est une grande perte pour la colonie française dont il avait toute l'estime.

De Mazagan, je suis venu par terre pour visiter la ville d'Azemmour qui en est éloignée de quatre heures à cheval et qui n'est pas ouverte au commerce européen. La population est plus élevée que celle de Mazagan, mais sans un seul Européen. C'est une ancienne ville portugaise dont les remparts plongeant dans l'Oum-Er-Rebia font un effet très pittoresque ; elle est entourée de jardins d'arbres fruitiers, notamment de grenadiers, qui lui font un cadre merveilleux.

La vallée de l'Oum-Er-Rebia est renommée pour ses vergers ; malheureusement on ne peut y aller que difficilement ; le caïd d'Azemmour est très peu favorable aux chrétiens et les tribus d'alentour sont souvent en train de se battre.

Il y a un peu d'industrie à Azemmour, et ce n'est pas une ville de grand avenir. Elle est à 4 kilomètres de la mer et la barre qui ferme la rivière est très forte. Par contre, l'Oum-Er-Rebia pourrait être largement utilisé pour les irrigations ; dans ces pays, l'eau est le principal élément de fertilité, quand on peut la répandre sur les terres au moment voulu, pendant cette longue période de mai à septembre où les pluies font complètement défaut.

Si le voyage dans les villes de la côte est relativement aisé, puisque partout on trouve des hôtels, la difficulté commence lorsqu'il faut s'organiser pour voyager dans l'intérieur.

Il faut d'abord se procurer des bêtes; si on trouve à en louer à un prix raisonnable, tout va bien, mais s'il faut en acheter, c'est déjà très sujet à surprise : l'Arabe sera heureux s'il a pu vous tromper et vous vendre une bête vicieuse ou ayant quelques défauts cachés. On a encore la ressource d'acheter ses bêtes sur le marché; là les prix ne sont, en général, pas trop surfaits, car c'est une vente aux enchères qui a lieu. Le dellal ou crieur public parcourt les rues à cheval sur le mulet à vendre en criant un prix que l'on fait monter si la bête vous convient. Pour la plupart des animaux, c'est ce système qui est employé; pour les vêtements, les babouches, les plateaux, etc., également.

Une fois les bêtes trouvées, il faut s'enquérir d'un domestique; c'est un point délicat, car, voyageant seul avec lui, il est indispensable qu'on puisse avoir un peu confiance en lui. On en trouve, mais ils sont rares.

Arrivée d'Arabes au Marché de Mazagan.

Je n'entre pas dans toutes les questions de détail de l'organisation d'une caravane, tentes, matériel de cuisine, etc., etc.; qu'il me suffise de dire que cela fait perdre un temps énorme et que le secours de gens du pays est très utile.

Mille imprévus viennent à chaque instant modifier vos projets.

Sur les instances de M. Brudo, notre agent consulaire à Mazagan, je fais demander un moghazeni au caïd de la ville pour m'accompagner à Marrakech, mais, comme on n'accorde un soldat que lorsque la route est très sûre, le caïd prétexte des troubles dans les tribus pour me le refuser.

Je suis prêt à partir; je risque de rester longtemps à Mazagan en attendant que la sécurité soit rétablie. Il faut donc que je parte et le soir même je fais une nouvelle démarche auprès du caïd afin d'obtenir un soldat pour m'accompagner à Saffi.

Après quelques aventures au moment du départ, nous arrivons à nous mettre en route. Le chemin de Mazagan à Saffi est très peu fréquenté, aussi le plus souvent se réduit-il à un simple sentier dont la trace même disparaît parfois. Les rochers calcaires abondent et forment une sorte de bourrelet sur une grande partie de la côte. C'est ce qui constitue la partie la moins fertile du Maroc ; par contre, ces roches fournissent une pierre à chaux de premier ordre, dont les Arabes font usage constamment pour l'entretien de leurs maisons. Les Européens, eux aussi, ont construit quelques fours à chaux donnant un produit de qualité supérieure et meilleur marché. L'Arabe ne connaît pas le système des fours à feu continu et, une fois le four chargé, le laisse

Les Murs portugais d'Oualydia.

éteindre pour le recharger ensuite. C'est dans ce parcours que je traverse la ville portugaise d'Oualydia.

Toute cette côte du Maroc est semée d'anciennes villes portugaises dont les restes imposants attestent une domination puissante et de longue durée.

Il avait été question d'Oualydia pour en faire un port, mais la chose semble difficile. Les environs sont peu fertiles, la rade est peu profonde et entourée par un cirque de collines élevées ; on a parlé d'un abri pour torpilleurs, ce serait parfait.

Après trois jours de voyage nous arrivons à Saffi. Du sommet d'un coteau on découvre la ville qui étage ses maisons blanches sur une pente dominée par un château fort moyenageux. Ce vieux château remontant sans doute aux dominations européennes lui donne un aspect tout particulier.

Aucun consul ou agent consulaire ne représentait la France lors de mon passage. Je dus demander l'hospitalité à M. Morin, notre aimable agent des postes, qui, bien volontiers, me prêta son jardin pour installer ma tente et mettre mes bêtes à l'abri des voleurs.

La ville est très défectueuse comme voirie, la rue principale se trouve justement entre deux petites élévations, de sorte qu'à la moindre pluie, cette grande rue est transformée en lac et en marais fangeux.

Le faubourg de Rabat, au sud de la ville, est non moins sale et dégoûtant.

Le port est formé par une falaise circulaire terminée au nord par le

La Porte du Rabat à Saffi.

cap Saffi. Les navires sont assez bien dans cette rade, mais les opérations d'embarquement et de débarquement sont rendues très difficiles par suite d'une barre assez mauvaise. Ce n'est pas précisément une barre, puisqu'il n'y a pas de fleuve, mais une lame énorme se forme à une petite distance de la côte et vient avec violence s'échouer contre la plage et les falaises. Les navires restent ainsi plusieurs jours sans communications avec la terre. Un simple wharf peu coûteux rendrait à cette ville les avantages qu'elle doit à sa situation ; c'est le port le plus rapproché de Marrakech et il doit, de ce fait, en devenir le transitaire. En outre, les régions desservies sont riches : les Abdas, le sud du Doukhala et les Ahmars produisent d'énormes quantités de grains, orge, maïs, fèves, pois chiches, graines de lin, etc.

Les environs immédiats de Saffi ne sont peut-être pas très fertiles, mais, à peu de distance dans la direction de Dar Si Aïssa, on traverse ces fameuses terres noires qui ont fait l'objet des études du savant allemand Fisher. C'est vraiment magnifique de voir cette terre toute d'humus, meuble, couverte de récoltes de céréales comparables à celles de nos plus belles provinces de France.

Je me mets en route pour Marrakech avec mon domestique arabe et nos deux mulets portant à la fois nos personnes et mes bagages. La distance est de 160 à 180 kilomètres.

La région, en sortant de Saffi, est calme, grâce à la fermeté du fameux caïd des Abdas, Si Aïssa ben Omar. C'est merveilleux combien est grande la puissance de cet homme qui, lui aussi, a connu les vicissitudes de la fortune. Sa résidence, où il m'a donné l'hospitalité,

Entrée des appartements du Khalifat, au Dar Si-Aïssa.

est une vraie ville et donne tout à fait l'impression de ces anciens châteaux du moyen âge. Il est curieux de voir les cours s'emplir de sujets venant de tous les points de la tribu rendre hommage au seigneur ou demander justice, apportant chacun son offrande qui consiste le plus souvent en un certain nombre de pains de sucre. Le caïd Si Aïssa passe pour être assez favorable aux Français.

Pour donner une idée de la richesse de ce caïd, il suffit de dire qu'il a une écurie comptant plusieurs centaines de chevaux et que l'année passée, pendant la période de famine, il a passé un marché avec un négociant de Saffi pour se faire livrer pour 500 francs d'orge par jour. Ses silos étaient pleins de grains, mais il n'a pas voulu y toucher.

De Dar Si Aïssa à Marrakech on traverse pendant de longues heures l'interminable plaine des Abdas, puis le territoire de la tribu des Ahmars, ainsi nommé à cause des terres rougeâtres qui le forment. Les céréales y sont remplacées par des prairies où paissent des chevaux, des bœufs et des chèvres. Peu à peu l'on s'élève et, au niveau du lac Zima, on rejoint une autre piste venant de Saffi.

C'est du lac Zima que l'on extrait une bonne partie du sel consommé à Marrakech et dans les villes de la côte. Il est très estimé par les Arabes, qui attribuent à sa couleur jaune sale des propriétés particulières. La cueillette en est simple. Un Arabe remplit un panier d'osier de sel qu'il ramasse avec la main près des bords du lac. C'est à un marché situé au bord du lac que les acheteurs viennent traiter à un certain jour de la semaine.

Après le lac Zima on parcourt encore une immense plaine, peu

Jardins d'Orangers de Si-Aïssa ben Omar.

arrosée, complètement dénudée, où j'ai été témoin d'un effet de mirage très curieux. La chaleur était torride ; du sol s'élevaient des vibrations de chaleur et sur notre gauche, tout à fait à l'horizon, nous distinguions une région boisée entourant un lac. Mon domestique fut témoin du fait comme moi.

Rien de ce beau paysage n'existait, mais, après quelques heures de marche, nous arrivions vers un petit douar situé au pied même du Djebilet. La traversée de ces montagnes est assez longue et pénible, car il faut monter à chaque instant jusqu'à des seuils de 400 et 500 mètres par des sentiers à peine tracés dans les rochers et descendre pour traverser les oueds.

Mais aussi, quel beau spectacle lorsqu'on débouche dans cette immense plaine du Tensift et que l'on aperçoit la palmeraie de Marrakech au milieu de laquelle se dresse la fameuse tour koutoubya et sur sa droite le mont Gueliz. Tout cet ensemble est limité par les montagnes de l'Atlas encore couvertes de neige. On se demande si c'est bien une réalité, si, avec les chaleurs que nous subissions, il pouvait bien se trouver des masses neigeuses à une distance si rapprochée! C'est bien une réalité et non un mirage; c'est l'Atlas avec ses sommets de 4000 et 4500 mètres, s'élevant presque à pic au-dessus de la vallée.

Le pont de Marrakech est assez loin à l'est et nous allons le rejoindre sur les instances de mon domestique qui prétend que l'oued Tensift est gros en ce moment et peu praticable.

On est choqué en arrivant à Marrakech de l'état lamentable dans lequel se trouve cette ville. Les séguias ou canaux amenant l'eau

Le Pont sur l'oued Tensift, à Marrakech.

nécessaire à l'irrigation de la palmeraie, les murs des jardins, les maisons mêmes tombent en ruines. Depuis quatre ans, le sultan a quitté Marrakech pour Fez, toute la cour l'a suivi. Les maisons toutes construites en pisé s'effritent peu à peu, tombent sans que jamais personne ne songe à y faire la moindre réparation pour les entretenir.

Il s'ensuit que la ville est immense et que la population est très clairsemée. On dit qu'autrefois Marrakech a compté 200.000 habitants et qu'à présent il n'y en a plus que 60.000. Tout porte à croire que ces chiffres sont exacts.

La ville présente un aspect tout à fait différent de celui des villes de la côte. On sent que c'est une ville importante : quelques monuments, de jolies mosquées, des rues relativement larges, peut-être moins sales qu'à la côte. C'est bien la ville marocaine avec sa kasbah ou citadelle, son mellah ou ville juive et sa médinah ou ville arabe, formant trois groupes isolés, séparés par des portes que l'on ferme à la tombée de la nuit.

Nous sommes représentés à Marrakech par Si Omar ben Midjeb, un riche Arabe propriétaire, mais ne connaissant pas un mot de français. Le Dr Mauchamp est la ressource de tous les Français de passage : médecin de grand talent, diplomate énergique et avisé, il a su faire aimer et respecter la France dans la capitale du Sud. Le dispensaire qu'il dessert avec un rare dévouement a un succès grandissant malgré les tracasseries de toutes sortes contre lesquelles il a eu à lutter au début de son œuvre.

Ancien dar El-Caïd El-Mesfioui.

Les écoles de l'alliance israélite de Marrakech méritent une mention spéciale en raison de l'intérêt qu'elles présentent au point de vue de l'influence française. L'école de garçons dirigée par M. le professeur Falcon, secondé par M. Souessia et l'école de filles dirigée par Mme Falcon sont un des principaux éléments de notre influence à Marrakech.

De Marrakech, j'ai eu l'occasion de faire une excursion de trois jours vers les montagnes de l'Atlas dans la direction sud-est de Marrakech.

Pour y aller on commence à suivre la grande plaine de Marrakech jusqu'à la kasbah du caïd de Mesfioui où résidait justement, à cette époque, le caïd du Glaoui. C'est un des plus puissants caïds du Maroc et il passe pour être assez sympathique à l'influence française.

Cette plaine est très intéressante ; de nombreuses rivières la coupent et nos bêtes ont de l'eau jusqu'au poitrail. Les Arabes ne songent même pas à établir des ponts. A quoi sert, puisqu'on peut vivre sans cela?

Ils se trouvent bien plus forts que nous qui ne pouvons nous en passer ! Le système d'irrigation est très développé dès qu'il y a un peu d'eau pour y subvenir. Là où il y a de l'irrigation, le pays est complètement changé ; alors qu'à côté le sol est dénudé, sec, dans les parties arrosées on voit des figuiers, des oliviers, des cultures variées, des céréales, etc.

Près de la kasbah du Mesfiona, nous avons l'occasion de voir le marché de Souk-el-Tleta situé sur l'emplacement de l'ancien lit de la rivière qui en passe à présent à une cinquantaine de mètres. En temps ordinaire, il n'y a absolument personne en cet endroit, aucune maison,

La Boucherie au Marché de Souk-el-Tleta

aucun abri ; une fois par semaine s'y donnent rendez-vous les indigènes qui viennent y vendre leurs produits ou faire leurs achats. On trouve de tout, depuis les cotonnades que quelques juifs colportent de marché en marché jusqu'à la poterie et aux bestiaux. Une boucherie en plein air, installée au milieu du marché, vient ajouter au pittoresque de ce rassemblement.

Nous quittons le Souk-el-Tleta pour nous rendre dans un village situé tout à fait au pied de la montagne. Nous remontons pendant quelques heures un vallon frais et verdoyant, très boisé, au fond duquel coule un torrent roulant à travers les roches ses eaux claires et limpides.

Le village d'Aït Taguent, où nous passons la nuit, est très curieux : construit sur un éperon, il se divise en deux parties placées à une centaine de mètres l'une de l'autre ; d'un côté, le mellah où habitent les Juifs et, de l'autre, la médinah où vivent les Arabes. Le pays est riche, grâce aux oliviers, orangers, abricotiers, etc., mais aucun progrès n'est fait pas plus en vue de l'accroissement des vergers que du côté des méthodes de cultures. Toutes ces populations vivent du travail de leurs ancêtres; les irrigations, la construction de terrasses pour la culture, les plantations d'arbres, etc., tout remonte à de nombreux siècles en arrière, époque où la race devait être beaucoup plus travailleuse que de notre temps. Partisans du moindre effort, ils se laissent vivre sans songer au lendemain.

A l'un d'eux, nous demandions s'ils ne plantaient jamais de jeunes oliviers, car nous avions remarqué que c'étaient tous de vieux arbres;

Maison du Cheick de Sidi-Rehou.

nous reçûmes cette réponse naïve : « A quoi bon, l'olivier ne meurt pas! »

Notre retour à Marrakech se fit par une pluie battante. Trempés jusqu'aux os, nous dûmes encore passer une rivière qui grossissait rapidement à la suite des pluies; nous eûmes même de la peine à la traverser; quelques heures plus tard, c'eût été impossible.

Le point de la côte le plus rapproché de Marrakech est bien Saffi, qui n'est qu'à 180 kilomètres environ, mais cette route n'est pas la plus fréquentée, à cause des difficultés d'embarquement et de débarquement dans le port de Saffi.

Les voyageurs prennent généralement la route de Mogador, par Chichaoua, parce que la route est bonne et qu'il est bien plus facile d'organiser une caravane à Mogador qu'à Mazagan ou Saffi. Je pris le parti de descendre à Mogador.

Pendant un jour et demi, on suit la large vallée du Tensift, parallèlement à la chaîne de l'Atlas, dont on voit presque jusqu'à Mogador les sommets neigeux. Peu de cultures dans cette plaine, si ce n'est le long des oueds; par contre, les troupeaux de chèvres et de moutons trouvent une nourriture abondante autour des jujubiers et des palmiers nains qui forment broussailles. Les peaux de chèvres sont une spécialité du commerce de Mogador.

A une journée seulement de Mogador, on entre dans la zone de l'arganier. Cet arbre est localisé à peu près uniquement dans cette partie du Maroc; son fruit pulpeux, de la grosseur et de la forme d'une noix verte allongée, entoure un noyau contenant une amande

Soldats au repos à Mogador.

qui donne une huile très estimée des Arabes. Elle serait peu utilisable en Europe, mais, là-bas, elle donne lieu à un trafic important; sa valeur est le plus souvent au-dessus de celle de l'huile d'olive. Je n'entre pas dans tous les détails que comporte cet arbre curieux, il a été spécialement étudié par M. Gentil et par M. Eugène Descos.

Après avoir traversé la zone fortement ondulée où pousse l'arganier, on arrive au sommet de dunes de sable et l'on aperçoit au loin Mogador, dont la silhoutte blanche se détache sur la mer comme une île. De fait, Mogador est une presqu'île reliée à la terre par des bandes de sable très basses. Pendant une heure, il faut monter et descendre ces dunes d'où l'on découvre à chaque instant la ville qui semble de plus en plus éloignée.

On est frappé, en entrant en ville, de voir de vraies rues et des places, ce qu'on ne voit nulle part ailleurs. Mogador est la seule ville qui soit dans des conditions d'hygiène à peu près convenables; de larges rues, de vastes places donnent à cette ville un cachet original pour ces pays arabes. On voit que la main européenne a passé par là. C'est, en effet, sur les plans de Cornut, ingénieur français, que la ville a été construite au milieu du XVIIIe siècle.

Les dunes de sable qui entourent la ville la rendent désagréable par temps de vent; par contre, son climat est très bon, égal d'un bout de l'année à l'autre.

Le bateau anglais amène chaque semaine une quantité de touristes anglais qui repartent avec une ample moisson de curiosités des plus extravagantes et heureux d'avoir vu le vrai désert représenté par les dunes qui entourent la ville. Pour compléter l'illusion, les guides de l'agence Cook les font sortir de la ville par la Porte de Lion, près de laquelle des Arabes dissimulés font entendre les cris du fauve.

Les Français sont assez nombreux à Mogador; deux hôtels français se disputent l'honneur de nous recevoir; un mécanicien français a installé une minoterie; un autre a monté une fabrique de savon qui donne d'excellents résultats et il est arrivé à monopoliser une grosse part de cet article. Deux fortes maisons de commission et l'agence de la Compagnie marocaine complètent la liste de nos compatriotes commerçants.

Les navires ancrés dans la rade de Mogador sont assez bien abrités; des îlots arrêtent les vents d'ouest qui sont toujours les plus violents; cependant, on ne peut pas se dire complètement à l'abri, car les vents sud-ouest sont violents aussi et rien ne protège la rade contre ceux-ci.

Je passe une semaine à Mogador en attendant le bateau « Arménie », de la Compagnie Paquet, sur lequel je m'embarque. Il va toucher à Mazagan, où j'ai le plaisir de descendre à terre pendant que l'on charge deux cents bœufs à destination de Tanger; ils seront, de là, probablement réexportés, mais il est défendu d'en faire l'exportation sans les avoir débarqués d'abord à Tanger.

Nous devions toucher à Casablanca, mais ce chargement de bœufs doit arriver à Tanger le plus rapidement possible et tant pis pour les voyageurs...! Un jour de plus ou de moins...! Il paraîtrait bizarre que le chemin de fer fasse passer les voyageurs de Lyon à Dijon par Paris; c'est cependant le cas qui se produit! Il y avait à bord deux personnes venant de Saffi pour aller à Tanger, qui est à vingt-quatre heures, mais, ayant dû passer avec le bateau par Mogador, elles ont mis plus de huit jours! C'est joli!

Nous allons donc à Tanger pour être ramenés le lendemain matin à Casablanca.

Là encore, je dois organiser une caravane, car mon projet était de monter à Fez, par Rabat, Mehédya et la vallée du Sbou. Il faut faire des démarches multiples pour arriver à trouver trois bêtes, mulets ou chevaux. Chaque Européen a ses bêtes, dont il se sert lorsqu'il veut sortir à la campagne, mais un étranger n'en trouve que très difficilement.

J'eus le plaisir de partir en compagnie d'un jeune Français, qui est établi depuis quelques années à Casablanca et qui connaît bien la région pour l'avoir fréquemment parcourue. Aussi, nous écartons-nous de la route habituellement suivie par les caravanes allant à Rabat et allons passer dans l'intérieur pour voir un peu les petites vallées du Mlah et du Nfifikh. Elles méritent bien la renommée qu'elles ont acquise.

Le départ du Campement.

La vallée du Mlah surtout, large d'un kilomètre environ, n'est qu'un jardin continu d'orangers, de grenadiers et d'essences de toutes sortes.

Partis un peu tard de Casablanca, ce n'est qu'à la nuit noire que nous arrivons chez un protégé de mon compagnon de voyage. Notre arrivée, à une heure tardive, fait l'admiration de notre hôte, qui nous considère comme des êtres supérieurs pour avoir osé ainsi voyager pendant la nuit dans un pays si mal famé.

Notre tente est vite dressée et, après un repas sommaire, nous allons nous étendre sur notre lit de camp pour repartir à 3 heures du matin, dès que le soleil se montre.

Nous chevauchons à travers un plateau très peu habité, à peine cultivé, couvert de palmiers nains et de broussailles, où abondent le sanglier et le lièvre. La chasse aux sangliers est un des sports favoris de l'Arabe de ces régions. Elle se fait au bâton : les Arabes, réunis en nombre, cernent le gibier et l'assomment.

La vallée du Nfifikh est bien moins large que celle du Mlah et beaucoup plus broussailleuse. L'eau de cette rivière est saumâtre, ce qui doit gêner les cultures.

Nous passons vers la kasbah de Mansouria, puis vers celles de Zranek et de Srirat. Tout le long de cette route, on rencontre des kasbahs ; ce sont de simples enclos, entourés de murs élevés, où l'on parque le soir les troupeaux pour les mettre à l'abri d'un coup de main. C'est là encore que le voyageur peut dresser sa tente, sans crainte d'être pillé pendant la nuit. Un droit de gardiennage, ou plutôt un pourboire doit être donné au départ à l'Arabe qui garde la porte

Bab-el-Méchouar (Marrakech).

Nous arrivons à Rabat, dont on aperçoit de loin la tour Hassan et les jardins. On franchit d'abord une première enceinte qui entoure une immense superficie, occupée en partie par des terrains de cultures et en partie par des jardins. C'est sur la gauche, près de la mer, que se trouve le fameux fort moderne, construit par l'allemand Rottembourg. Ce fort a toute une histoire et, bien entendu, n'a jamais eu et n'aura probablement jamais l'occasion de servir, car c'est l'unique fortification sérieuse existant au Maroc. Comme accessoires indispensables du fort, les Allemands sont arrivés à vendre au Sultan un bateau pour amener le canon, aujourd'hui le Turki, une grue pour le décharger, et un chemin de fer pour aller du port au fort Rottembourg.

Rabat est une ville impériale. Le sultan y possède un palais immense dans lequel il séjourne lorsqu'il va de Fez à Marrakech. C'est, du reste, le seul chemin qu'il puisse prendre pour aller de l'une à l'autre de ses capitales, les tribus qui se trouvent sur le chemin direct entre ces deux villes étant totalement insoumises et lui interdisant le passage.

L'étranger qui arrive à Rabat doit dresser sa tente dans le cimetière qui est situé sur une élévation entre la ville et la mer, par conséquent en très bon air. Toutefois, la perspective de s'installer au milieu des tombes n'avait pour nous rien de bien souriant, d'autant plus que nous savions que la fièvre typhoïde faisait de nombreuses victimes et que, en l'espace de trois quarts d'heure, nous avions déjà compté quatre enterrements. Heureusement, mon compagnon de voyage a des amis à Rabat qui nous donnent un autre terrain pour planter notre tente.

Rabat est bien la ville la plus pittoresque de toute la côte. C'est la seule qui présente quelque intérêt historique et artistique. Elle est bâtie sur une falaise au-dessus de la rivière et est entourée de remparts anciens. En amont, on voit de verdoyants jardins, au milieu desquels émerge la fameuse tour Hassan, sœur de la Giralda de Séville et de la Kontoubya de Marrakech.

De Rabat, on domine, sur la rive droite de l'Oued-Bou-Regrag, la ville de Salé, entourée de ses remparts arabes. Il ne s'y fait aucun commerce et la ville, assez peuplée cependant, est à peu près complètement fermée aux Européens.

Méhédya se trouve seulement à 5 heures de Rabat. On a beaucoup parlé de cette ville pour en faire un port et la tête de ligne d'une voie ferrée montant à Fez. C'est le point le plus rapproché de Fez, et, de plus, Méhédya est placée à l'embouchure d'un fleuve puissant, l'Oued-Sbou, la plus grande voie navigable du Maroc, et au centre d'une région d'élevage de premier ordre.

L'oued Sbou est navigable, paraît-il, jusqu'à une cinquantaine de kilomètres de Fez; on m'a affirmé qu'un service de batellerie a déjà été étudié et peut donner des résultats très satisfaisants. Malheureusement, les tribus riveraines, surtout celles du sud, sont intraitables. Les Zemmours et les Zaers sont les deux tribus les plus terribles qu'on connaisse. Elles ne sont soumises à aucune autorité. Un négociant anglais me racontait l'enlèvement dont il avait été victime à une centaine de mètres de Rabat en plein jour. Au cours d'une promenade en barque sur la rivière, il fut assailli par une bande de Zemmours qui l'emmenèrent à plusieurs journées de marche de la ville et il ne dut son salut qu'à un ami qui vint le délivrer. Un cas analogue s'était produit, il y a quelques années, pour un jeune Français, mais on ne l'a jamais revu.

Rabat n'est donc pas dans une région bien tranquille et, la veille de mon départ, on a encore volé plusieurs troupeaux de bœufs aux portes mêmes de la ville.

Notre projet était de monter à Fez; mais nous en sommes fortement déconseillés par toutes les personnes que nous consultons, aussi bien les consuls de France et d'Angleterre que les négociants dont nous avons fait la connaissance.

Ils estimaient que le moment n'était pas du tout propice pour faire ce voyage. La sécurité de la route était si peu assurée que le censal indigène d'un négociant qui devait partir dans l'intérieur faire des achats de chênes-liège avait différé son départ : l'affaire Charbonnier qui venait d'avoir lieu à Tanger n'était pas pour nous rassurer non plus. Enfin, de mauvaises nouvelles de l'état sanitaire de Fez achèvent

Laveuses dans l'Imn'zat, vers le dar El-Caïd El-Mesfioui.

de nous décider à renoncer à notre projet. Je l'ai regretté, car ce trajet très peu connu ne doit pas manquer d'intérêt.

Nous revenons à Casablanca en longeant la mer. Plusieurs caravanes s'y rendent aussi, chargées d'oranges. C'est la fin de la saison et nous en achetons d'excellentes à 1 p. h. 25 le cent, soit environ 80 centimes en monnaie française. Elles ne sont pas si renommées que celles de Tétouan qui, elles, font l'objet d'un trafic important avec l'Espagne.

De retour à Casablanca, je dois encore attendre trois jours le vapeur « Oued Sbou » qui vient de toucher Rabat et part pour Larache et Tanger.

L'époque des villégiatures en Europe approche et le bateau est au complet; force m'est d'installer mon lit de camp sur le pont.

Larache est à une douzaine d'heures de Casablanca et à six heures de Tanger. Nous jetons l'ancre à l'aube, en face de l'embouchure de l'oued Loukhos et le bateau doit attendre jusqu'au soir que la marée monte et permette au remorqueur d'amener à bord les quelques barcasses dont on est en train d'opérer le chargement.

La ville de Larache s'élève en gradins sur la rive gauche du Loukhos jusqu'au plateau qui domine la ville. Elle est entourée de fortes murailles; mais, depuis la dernière guerre avec le Rogui, tous les soldats marocains ont été retirés.

Larache est le débouché de la fertile vallée du Loukhos et d'une partie de la vallée du Sbou, mais son importance est due surtout au transit pour Fez. Comme Larache partage avec Tanger ce transit, le commerce fait des écarts énormes d'une année à l'autre, suivant que la route pour Fez a été, pendant le courant de l'année, plus sûre et plus praticable par l'une ou l'autre voie.

Larache est plus rapproché de Fez que Tanger. On compte 250 kilomètres de Tanger à Fez et seulement 165 de Larache à Fez.

Nous repartons le soir même de Larache et, le lendemain matin, nous débarquons à Tanger. Là, je prends le premier bateau de la Compagnie Touache pour Marseille, où j'arrive le 26 juin.

DEUXIÈME PARTIE

MISSION COMMERCIALE

TÉTOUAN

Le commerce de Tétouan est relativement faible. La situation de cette ville à 12 kilomètres de la mer, au pied de montagnes qui l'enserrent, ne lui permet de desservir qu'une région assez restreinte.

La population, composée surtout de riches arabes, est peu portée au commerce. En outre les tribus voisines s'approvisionnent beaucoup par la contrebande. Des bateaux de pêche mouillent constamment dans l'oued Martill et rien n'est plus facile que de débarquer clandestinement des marchandises dans un pays où il n'y a ni douaniers, ni soldats, ni sanction.

Le chiffre du commerce varie autour de 1.500.000 francs suivant les années. En 1903, 1.544.730 francs ; en 1904, 1.703.150 francs ; en 1905, 1.452.702 francs.

Il est assez difficile de faire des comparaisons avec les statistiques antérieures à 1905, puisque jusque-là les statistiques n'avaient rien de précis. Depuis la création du service de l'Emprunt marocain, les agents de l'Emprunt reçoivent chaque jour de la douane marocaine la note des droits perçus dans la journée, et c'est d'après cette note que les statistiques sont dressées.

Il n'y a pas de maison européenne à Tétouan et tout passe par l'intermédiaire des maisons israélites de la place. Elles ont toutes les agences des Compagnies de navigation et ont même obtenu du gouvernement marocain le monopole des débarquements. Rien ne peut donc se faire sans qu'elles en soient informées, ce qui rend difficile une concurrence avec elles.

Tous les genres de commerce peuvent prendre place dans cette ville qui renferme non seulement une active population ouvrière, mais aussi une classe aisée. Tétouan est en effet une ville de luxe comme le sont aussi Rabat et Fez. C'est là que vit une partie de la bourgeoisie marocaine. Notre agent consulaire à Tétouan n'est lui-même qu'un de ces riches marocains. Il est très aimable, mais comme secours ou conseils à nos nationaux, il ne faut pas trop y compter, puisqu'il ne sait pas un mot de français.

Un seul Français habite Tétouan. Il a installé une fabrique d'eau gazeuze, donnant d'assez bons résultats. Dans presque toutes les villes, les Européens ont établi cette industrie.

Il y a à Tétouan un grand nombre d'Espagnols, de condition plutôt

Un coin du Marché de Souk-el-Khemis (Marrakech). — Vente de vieux effets.

modeste, qui trouvent à gagner leur vie dans de petits métiers que les Arabes pourraient faire. Le gros commerce n'est que rarement entre les mains des Espagnols qui se réservent pour les états de maraîchers, épiciers, cordonniers, etc.

TANGER

En 1856, Tanger comptait seulement 8.500 habitants dont 6.000 arabes et 340 chrétiens. Actuellement les proportions sont à peu près les mêmes, mais la population totale est d'une trentaine de mille.

Le rapport anglais, auquel j'ai emprunté les renseignements relatifs à 1856, donnent le mouvement des navires à Tanger : en 1852, 261 navires; en 1853, 350; en 1854, 265; en 1855, 243; en 1856, 313; en 1903, il a été de 2.728; en 1904, 1.608.

En 1905, les importations à Tanger ont atteint le chiffre de 6.435.345 francs et les exportations 3.722.578 francs. Au total, le commerce de Tanger s'est élevé à 10.157.923 francs.

Parmi les principaux articles importés en 1905, il faut citer les farines et semoules 1.102.126 francs, importation tout à fait anormale; les tissus de coton 768.349 francs ; les sucres 615.189 francs ; les soies et soieries 270.836 francs ; les vins et liqueurs 304.705 francs ; les matériaux de construction 250.000 francs. Les articles de consommation européenne sont de grande demande à Tanger ; non seulement la population européenne est nombreuse, mais il y a encore une foule d'Israélites enrichis qui viennent résider à Tanger et prennent les manières des Européens.

C'est le commerce français qui fait le plus de progrès à Tanger. En 1905, il passe même devant le commerce anglais avec un total de 3.566.700 francs contre 3.006.200 à l'Angleterre. L'Allemagne ne fait que 399.309 francs d'affaires,

Presque tous les corps de métiers sont représentés à Tanger et l'on pourrait y vivre à peu près comme en Europe, si la ville était dotée d'une voirie bien organisée et d'un service d'eau potable.

Comme situation, Tanger est très bien partagé. Située à 3 heures de l'Europe dans un climat sain est très tempéré, cette ville est appelée à devenir une station hivernale aussi bien qu'estivale.

L'hiver n'est jamais rigoureux et, en été, si la journée est quelquefois assez chaude, les nuits sont toujours fraîches.

Les pluies sont aussi abondantes qu'en France : la moyenne annuelle est à peu près la même qu'à Paris : 700 millimètres. C'est surtout de novembre à mars qu'elles tombent. Pendant les quatre mois d'été : juin, juillet, août, septembre, il ne pleut presque pas.

RABAT

Rabat est assez mal partagé pour les communications avec l'Europe. Une barre très mauvaise ferme l'entrée de la rivière Bou-Regrag. Les navires mouillent au delà de la barre à environ 900 mètres de la terre, et les barcasses ont de grosses difficultés pour opérer l'embarquement et le débarquement des marchandises, les quais de déchargement étant situés le long de la rivière, en dedans de la barre.

Bien souvent même, pendant plusieurs jours et même plusieurs semaines, les barcasses ne peuvent pas sortir. On cite un bateau de la Compagnie Paquet qui est resté 43 jours devant Rabat avant de pouvoir travailler.

Il s'ensuit naturellement que le trafic par mer est très réduit, surtout pour l'exportation ; les négociants qui ont à charger des marchandises préfèrent parfois les expédier par Casablanca plutôt que d'attendre indéfiniment une accalmie de la barre.

Une amélioration de cette barre, peut-être la construction d'un wharf la dépassant ou le creusement d'un chenal permettant d'entrer dans la rivière, amènerait une grosse plus-value du commerce extérieur de Rabat, car la région offre des ressources variées et à peine exploitées.

Rabat est notamment un centre d'élevage appelé à prendre de plus

Déchargement des Bœufs.

en plus d'importance; la vallée du Sbou offre des pâturages arrosés, toujours verdoyants comme on en trouve rarement dans l'Afrique du Nord. Les bœufs de la région ont déjà une réputation justifiée et atteignent des prix bien plus élevés que ceux qui arrivent à la frontière d'Algérie.

Les céréales, le blé, l'orge, le maïs donnent de très belles récoltes.

La forêt de Mamora, qui est à proximité de Rabat, fournit déjà du liège et en fournirait beaucoup plus et dans de meilleures conditions si on pouvait l'exploiter sérieusement; malheureusement l'insécurité dans les tribus des Zaers et des Zemmours est telle que la chose est impossible pour le moment. Cette forêt renferme encore bien d'autres ressources, comme le bois de thuya, les écorces à tan, etc.

Il s'est exporté de Rabat pour 446.858 francs de laine en 1905, mais c'est peu de chose, paraît-il, à côté de ce qu'on pourrait trouver.

Les produits de l'industrie de Rabat ont une grande réputation. Ce sont d'abord ses tapis qui sont de fabrication soignée, dessins de bon goût et couleurs végétales indélébiles.

Les babouches font l'objet d'un trafic assez élevé ; on en expédie en Algérie, en Egypte et au Sénégal.

Il se fait aussi beaucoup de broderies soie aux couleurs voyantes généralement sur des tulles coton façonnés.

La population de Rabat est, comme celle de Tétouan, assez riche. Une grande partie des administrateurs des douanes, des gouverneurs, pachas, etc. sont choisis parmi les habitants de Rabat. Cette sorte d'aristocratie qui habite la ville se compose surtout de Maures, à peau très blanche ; les Fasi ou habitants de Fez sont de même race, probablement des descendants des Maures d'Espagne ; ils détiennent à peu près tout le gros commerce.

La population européenne est fort peu nombreuse : deux familles françaises, à peu près autant d'anglaises et d'allemandes et un peu plus d'espagnoles.

Le total du commerce de Rabat accuse, en 1905, une diminution de 300.000 francs seulement sur 1904 : 5.272.239 francs contre 5.566.135 francs. C'est peu de chose en comparaison des autres ports ; Mazagan, par exemple, a baissé de 17.112.475 francs en 1904 à 9.632.600 fr. en 1905 ; celui de Larache est tombé de 11.738.598 fr. à 9.211.064 francs; celui de Mogador de 14.096.045 à 12.731.935 fr.

Les principaux articles d'importation ont été cette année : sucre, 1.079.528 francs ; farine et semoule, 1.083.129 francs ; tissus de coton, 932.089 francs. Les importations de blé, 276.378 francs, ainsi que celles de farine et semoule, sont tout à fait exceptionnelles. Les soieries ont donné 33.561 francs.

La France tient la tête des importations avec 2.462.255 francs. L'Allemagne n'en fait que pour 267.593 francs. L'Angleterre atteint 1.349.000 francs.

A l'exportation, la place prépondérante de la France est aussi marquée, 740.625 francs contre 72.188 francs à l'Angleterre et 14.746 francs seulement à l'Allemagne.

Les exportations consistent surtout en laine, 446.858 francs ; peaux de bœufs, 161.938 francs ; de chèvres, 57.214 francs ; de moutons, 33.517 francs ; babouches, 63.668 francs ; couvertures et tapis, 87.178 francs.

CASABLANCA

Casablanca est le port le plus important du Maroc comme chiffre d'affaires et il vient en second comme population.

La rade de Casablanca est assez sûre, les vents dominants sont ceux du sud-sud-ouest. Celui du nord-ouest souffle violemment en hiver et produit la grosse mer. Les navires mouillent à environ 800 mètres de la terre par des fonds de 10 à 20 mètres.

En 1857, Casablanca n'était qu'une petite bourgade de 1670 habitants, dont 250 juifs et 14 chrétiens. Aujourd'hui on estime sa population à une trentaine de mille habitants, dont 5 ou 600 européens et 5000 juifs.

La colonie française se compose de 70 personnes environ et compte un certain nombre de maisons de commerce importantes. Parmi elles, je dois citer M. Prosper Ferrieu, conseiller du commerce extérieur et ancien élève de l'Ecole supérieure de commerce de Lyon. Sa famille est établie depuis très longtemps à Casablanca et se trouve être une des plus anciennes du Maroc.

Le commerce de Casablanca s'est élevé, en 1905, à 15.450.000 francs. C'est un chiffre plus bas que celui des années précédentes (1900, 17.165.000 fr.; 1902, 19.616.000 fr.).

Cette ville doit la totalité de son trafic à la richesse de l'arrière-pays, ce qui est une supériorité sur les ports comme Larache, Mazagan ou Mogador qui sont à la merci des capitales qu'ils desservent.

Les statistiques d'importations et d'exportations donnent les chiffres suivants :

(En milliers de francs)

	1899	1900	1901	1902	1903	1904	1905
Importations . .	6.967	7.267	8.858	9.493	9.493	9.800	7.301
Exportations . .	9.416	9.897	7.608	10.183	8.875	9.428	8.148
Totaux. . .	16.383	17.164	16.466	19.676	18.578	19.228	15.449

Voici quelle a été, en 1905, la part des principaux pays :

	FRANCE	ANGLETERRE	ALLEMAGNE	ESPAGNE
Importations . .	4.537.490	1.929.270	444.975	288.878
Exportations . .	3.564.420	1.661.842	1.526.394	269.689
Totaux . . .	8.101.910	3.591.112	1.971.369	558.567

A l'importation, les principaux articles sont les sucres (3.082.828 fr.), les cotonnades (1.077.376 fr.), les semoules et farines (925.639 fr.).

A l'exportation, les peaux de bœufs (3.350.092 fr.), les laines (1.354.501 fr.), les pois chiches (1.039.672 fr.).

Le chiffre des affaires qui se traitent dans la ville est bien supérieur à celui du commerce extérieur. Casablanca est une vraie bourse de commerce où, non seulement, on traite des affaires commerciales, mais encore où l'on fait de la spéculation.

Une organisation spéciale de vente par courtier existe à Casablanca. On emploie beaucoup le courtier pour le change qui est, bien entendu, le plus important article de spéculation. Mais êtes-vous acheteur de laine, d'orge, de coriandre, etc., le courtier en est prévenu et cherchera un vendeur. Il vient vous informer qu'un tel est vendeur ou acheteur à tel prix. On spécule presque toujours à la hausse et, avant qu'une marchandise ne soit livrée à celui qui doit l'exporter, elle a fait le tour de la ville : chose curieuse, aucun papier n'est donné, la parole du courtier suffit, et jamais il n'y a de discussion. La hausse se produit presque toujours pour l'article d'exportation, mais c'est quelquefois le contraire qui a lieu aussi et tant pis pour le spéculateur. A mon second passage à Casablanca, la coriandre qui était à 20 pesetas le quintal est tombée en deux ou trois jours à 12 pesetas. C'est un navire qui était arrivé entre temps et avait apporté des nouvelles du marché de Londres qui cotait des prix en parité avec 12 pesetas. Le précédent bateau avait déjà donné la nouvelle, mais les négociants tenaient bon et comptaient toujours sur une hausse possible en Europe. Venaient s'ajouter à cela les nombreux arrivages de coriandre rentrant à chaque instant dans la ville qui grossissaient le stock d'heure en heure. Comme un certain nombre d'autres produits, tels que le fenu grec, la graine de lin, etc., la coriandre n'a aucun usage chez l'Arabe ; il ne sait qu'en faire ; aussi s'en débarrasse-t-il au plus tôt.

Pour les articles d'importation, la spéculation est aussi active et n'a aucune mesure. Ainsi, au mois de février, on a pensé un moment que la récolte serait encore compromise, les pluies n'étant venues que très tardivement et les sauterelles ayant fait leur apparition. Tous les négociants ont cru à une hausse et ont commandé chacun de grosses quantités de semoules et de farines; tout n'a pu être livré de suite, étant donné l'importance de la demande et une grande partie des approvisionnements est arrivée après les pluies de mars. Il en est résulté une baisse très forte et plus d'un négociant a mangé de l'argent et a été obligé de réembarquer ses marchandises pour les faire vendre à Marseille, aimant mieux perdre les frets, les frais, etc., que de vendre sur place bien en dessous des cours de Marseille. Par compensation, quelques semaines auparavant, ceux qui avaient des stocks de farine ou de semoule, les avaient vendus très facilement avec 100 pour 100 de bénéfice.

Pour le sucre qui est un article, pour ainsi dire, de première nécessité, c'est constamment un jeu de hausse ou de baisse. A certain moment, les stocks s'épuisent, on n'attend point de bateau de la Compagnie Paquet, ou bien il y en a un en rade, mais le temps ne permet pas le débarquement ; alors le cours du sucre monte, monte jusqu'à ce qu'un bateau arrive et jette sur le marché quelquefois 4 ou 5.000 sacs de sucre. Du coup, les cours font des écarts énormes.

La difficulté de faire du commerce régulier est encore aggravée par les opérations que font certains juifs pour se procurer de l'argent. Ils achètent par exemple du sucre à terme et le revendent de suite avec

Le Puits chez Si-Aïssa.

perte, mais au comptant ; ils font une opération excellente puisqu'ils se procurent de l'argent à 6 o/o et en retirent 20, 30, 40 o/o et plus, en faisant des avances aux Arabes, en leur prêtant des semences, etc.

Heureusement, tous les articles ne sont pas l'objet de spéculation de ce genre.

Les maisons européennes ont besoin en général d'assez vastes magasins pour emmagasiner les produits de l'intérieur en attendant l'arrivée du bateau qui les emportera. Mais il y a une méthode qui permet de s'en dispenser, surtout si l'on n'a pas soi-même des relations assurant des ventes rémunératrices en Europe. Quand un protégé vous apporte des produits de l'intérieur, le courtier mis en mouvement vous recherchera sur place un acheteur aux meilleurs cours du jour.

A Casablanca, les magasins sont rares et par suite les loyers assez chers. On m'a parlé de 100 à 150 pesetas par mois. On construit beaucoup cependant, surtout en dehors de la ville où plusieurs maisons européennes ont déjà établi leurs magasins. Certains prétendent que c'est un avantage de s'installer en dehors de la ville, parce que l'indigène, dit-on, va au plus proche; je ne crois pas que ce soit une raison bien sérieuse.

7 ou 8 navires desservent chaque mois à peu près régulièrement Casablanca: la Compagnie Paquet, 2 fois par mois; la Compagnie anglaise Forwood, 4 fois; la Compagnie transatlantique espagnole, 1 fois; les Compagnies allemandes, 2 fois. Il vient assez souvent d'autres navires, suivant l'abondance du fret et la saison. Le nombre total des vaisseaux touchant Casablanca varie annuellement entre 300 et 350.

Casablanca est, en somme, une ville prospère. Prendra-t-elle de l'extension? C'est très probable, surtout si, comme il en a été question, la Compagnie marocaine construit le port. Le commerce de cette ville se déplacera difficilement parce que ce n'est pas une ville de transit, mais bien le centre d'une région riche et fertile.

MAZAGAN

La ville de Mazagan est située à une quinzaine de kilomètres au sud de l'embouchure de l'Oum-er-Rbia. Comme Azemmour qui est situé sur ce fleuve, Mazagan a été fondée par les Portugais au commencement du XVIe siècle. Les murs, les fossés, les citernes et le port datent de cette époque.

Le climat est analogue à celui des autres villes de la côte, quoique cependant plus sain, à cause des vents violents d'ouest qui soufflent souvent et emportent les impuretés de l'atmosphère.

La population est d'environ 10.000 habitants dont près de 400 Européens.

Français	27	personnes.
Allemands	14	—
Anglais et Gibraltariens	101	—
Espagnols	219	—
Italiens	11	—
Suisses	6	—
Autres pays	5	—
	383	Européens.

La colonie française compte onze familles.

Jusqu'à présent, nous étions représentés à Mazagan par M. Brudo, dont le père avait rempli les fonctions d'agent consulaire à la plus grande satisfaction de tous nos nationaux.

L'importance croissante de la colonie française l'oblige à abandonner ses fonctions et un vice-consulat vient d'être créé dans cette ville.

Les Israélites sont assez nombreux; quelques-uns ont d'importantes maisons de commerce qui sont pour la plupart protégées par des nations européennes.

Quelques maisons arabes ont une certaine importance et servent de transitaires aux maisons de Marrakech.

M. Brudo fonda jadis un service de poste pour Marrakech. Il l'a cédé il y a quelques années à la France qui a continué à envoyer les courriers à Marrakech, Saffi et Casablanca.

La poste allemande a un employé de carrière comme directeur à Mazagan. C'est la seule avec celle de la France qui monte à Marrakech. Chaque jour un courrier part pour Marrakech, alternativement par la poste française et par la poste allemande.

La population, a depuis quelques années, débordé au delà des remparts et même la fièvre de la construction ayant pris tout le monde, y compris les Arabes, il s'ensuit que l'on peut se loger assez facilement. Pour 80 à 100 pesetas, soit 50 à 75 francs par mois, on peut avoir une bonne maison.

La vie est bon marché, la viande par exemple coûte 0 p. 75, soit 50 centimes le kilogramme. Le poisson est pêché par les indigènes et on peut se le procurer à bon compte également.

En 1905, le commerce de Mazagan a été de 9.632.600 francs, chiffre bien inférieur à celui des années précédentes. Les mauvaises récoltes sont la cause de cette différence.

Voici les chiffres relatifs à 1905 :

	GRANDE BRETAGNE	FRANCE	ALLEMAGNE	ESPAGNE	BELGIQUE	DIVERS
Importations. .	2.603.180	1.984.600	430.930	104.247	146.130	96.604
Exportations. .	1.743.766	584.711	909.920	619.023	»	202.537
TOTAUX. .	4.346.946	2.569.311	1.340.850	723.275	146.130	299.141

L'Angleterre fait son gros chiffre en tissus de coton dont elle importe la presque totalité, 2.014.547 francs sur un total de 2.093.450 francs. Elle fait en outre du thé, 142.947 francs; des bougies, 70.722 francs ; du sucre, 67,574 francs; de l'huile de coton, de la quincaillerie, de la draperie, etc.

La France importe pour 964.562 francs de sucre et, cette année, des farines et des semoules pour 479.881 francs. Ce dernier article a per-

La Porte de Mazagan.

mis de maintenir et même d'augmenter en 1905 les importations françaises, alors que les autres pays ont vu leur chiffre bien diminué.

Une Place à Mazagan.

Mais il est tout à fait accidentel que l'on importe des farines, car pendant les années moyennes, le Maroc exporte des céréales.

Les soies grèges viennent toutes de France (129.143 francs). Le tissus et foulards de soie sont importés de France pour une somme de 45.843; les statistiques en portent pour 11.416 francs à l'Allemagne et pour 12.942 francs à l'Angleterre.

L'Allemagne ne fait qu'un chiffre insignifiant d'importation. Cette année, elle a réussi à vendre pour 61.794 francs de maïs, mais ce n'est qu'accidentel, puisque habituellement elle en exporte sur Hambourg. Quant à l'Espagne, il ne faut presque pas en parler; malgré sa proximité du Maroc, elle n'arrive pas à importer la quinzième partie de ce qu'importe la France.

La Douane de Mazagan.

Pour l'exportation, l'Espagne passe avant la France avec 619.028 francs dont la plus grosse partie est constituée par des œufs, des pois chiches, du maïs, de l'orge et des fèves.

L'Angleterre tient la tête de l'exportation avec 1.743.766 francs. L'Allemagne vient ensuite avec 909.920 francs.

SAFFI

Saffi est situé à une vingtaine d'heures de Mogador et à vingt-six heures de Mazagan.

C'est le port le plus rapproché de Marrakech et cependant le transit pour la capitale du Sud passe de préférence par Mazagan ou Mogador. Les opérations d'embarquement et de débarquement sont difficiles à Saffi; les barcasses doivent venir accoster dans une anse minuscule abritée par un gros rocher. Il se forme près de terre une sorte de barre qui empêche le mouvement des barcasses et même toute communication avec les navires en rade. Presque toujours inutilisable en hiver,

Tour à l'entrée du Port de Saffi.

Saffi est un simple port local pour les provinces des Abdas, des Ahmars et du sud des Doukhalas.

La Douane de Saffi.

Le commerce de Saffi atteint 6 à 8 millions de francs. Rabat et Tétouan ont seuls un chiffre plus faible.

Les principaux articles d'importation ont été, en 1905 : le sucre

(2.109.199 francs); les tissus de coton, 504.649 francs; les thés, 207.771 francs; les farines et semoules, 245.670 francs; le riz, 128.072 francs. Les tissus de soie et foulards ne sont notés que pour une somme de 5.493 francs.

Les principaux articles d'exportation ont été (1905) : les peaux, 1.162.088 francs; les laines, 485.835 francs; les amandes, 297.356 fr.; les fèves et pois chiches, 393.238 francs; le maïs, 247.397 francs.

La France vient seulement d'installer un vice-consulat à Saffi. Jusqu'à présent, nous n'y avions pas même d'agent consulaire. La colonie française comprend deux familles et le docteur du dispensaire français.

Le commerce anglais est prépondérant à Saffi où trois maisons anglaises sont maîtresses de l'importation. Pour l'exportation, elles sont vivement concurrencées par les Allemands.

Il y a peu d'industrie à Saffi. Seules les poteries vernissées ont une renommée; elles sont plus grossièrement peintes que celles que l'on fabrique à Fez.

Une grande partie des immeubles de Saffi appartiennent au caïd des Abdas, Si Aïssa ben Omar; la population étant assez dense, il est difficile de trouver des logements; les locations sont en général chères.

Plusieurs Européens ont déjà construit leurs maisons d'habitation à quelque distance de la ville; c'est la meilleure solution pour avoir un bon logement.

MOGADOR

Mogador est la ville la plus récente du Maroc. Son existence ne remonte qu'à l'année 1760, époque à laquelle le sultan Mohamed ben Abdallah ordonna la fermeture du port d'Agadir et la construction de Mogador sur les plans de l'ingénieur français Cornut.

Agadir placé plus au Sud, au débouché de la riche vallée du Sous, a perdu toute son importance, mais, de l'avis de ceux qui ont vu cette ville, le port de Fuenti, qui la dessert, serait un des meilleurs du Maroc. Peut-être un changement dans les affaires marocaines amènera-t-il une résurrection de cette ville oubliée?

Mogador est la seule ville où l'hygiène semble un peu respectée, au moins dans certains quartiers. De vastes places permettent à l'air de pénétrer abondamment dans les demeures. La plupart des rues et places principales sont pavées, de sorte que l'on voit peu ces cloaques de boue et de saleté que l'on trouve partout ailleurs.

Le climat est excellent et peut être comparé à celui des Canaries ou de Madère pour son uniformité. Il conviendrait très bien pour les malades atteints de la poitrine; la température ne dépasse jamais 25 degrés centigrades et ne descend pas au-dessous de 15 degrés. Il existe bien un sanatorium à quelque distance de la ville, mais les touristes et chasseurs y sont beaucoup plus nombreux que les malades.

Malgré le peu de place dont elle dispose, la colonie européenne est cependant d'environ trois cents personnes, sur lesquelles il faut compter une centaine d'Espagnols et cinquante Gibraltariens, presque tous artisans. Le reste est anglais, allemand, italien, suisse et français.

Les Français sont au nombre de soixante-dix environ, en comprenant les protégés et les naturalisés.

Trois grandes maisons représentent le commerce français : Robert Boulle, Borgeaud Reutmann et la Compagnie marocaine. La colonie française comprend, en outre, les employés du Comptoir d'Escompte de Paris, un meunier, un fabricant de savon, deux hôteliers, les directeurs de l'École de l'Alliance israélite et deux médecins français, l'un tenant le dispensaire du Gouvernement français et l'autre s'occupant du Lazaret établi sur une des îles de la rade.

Les Juifs sont très nombreux à Mogador et forment presque la moitié de la population : 10.000 sur 20.000.

Comme je le disais plus haut, les Européens trouvent assez difficilement des logements et des magasins. La ville est strictement limitée par les remparts et aucune maison n'a été construite en dehors. Je ne sais si la chose serait possible, car on entre de suite dans les dunes de sable. La ville ayant été construite aux frais du sultan, il concéda les clefs des maisons moyennant une minime redevance annuelle. Celui qui possède une clef peut la céder à un tiers. En fait, lorsqu'on achète une clef, on devient propriétaire de la maison.

Les négociants européens sont relativement peu nombreux et ont peu de relations directes avec les indigènes. Toutes les affaires, aussi bien achats de produits que vente de marchandises, se traitent par l'intermédiaire d'un courtier juif. Ce sont ces courtiers qui gâtent les affaires de Mogador, car ils prélèvent leur bénéfice aussi bien sur l'Arabe que sur le commerçant européen. On leur paie généralement 1 à 2 pour 100 sur les affaires. Certaines maisons avaient acquis le concours des courtiers en leur donnant la protection; elles obtenaient ainsi des marchandises à des prix très bas, malgré les offres plus élevées des autres commerçants de la place. Les négociants arabes ont à peu près tous disparu et depuis une vingtaine d'années les Juifs sont maîtres de la place. La plupart ont des coreligionnaires comme correspondants dans le Sous, à Marrakech, etc. Beaucoup de Juifs de Mogador s'habillent à l'européenne et, jusqu'à présent, ils ont plutôt des tendances anglaises.

Mogador doit sa prospérité au commerce avec le Sous, l'oued Noun, l'oued Drâa et même le Sahara et le Soudan. M. Eug. Descos, dans son livre sur le *Maroc d'aujourd'hui* le résume en ces termes : « Débouché des provinces accidentées et peu agricoles de Chiadma et « de Haha, n'attirant qu'une faible partie du commerce de Marrakech, « Mogador est réduite au trafic du Sous, mais ce trafic est encore assez « important pour lui assurer l'un des premiers rangs parmi les ports « marocains. Malheureusement, depuis notre occupation du Soudan, « Mogador a perdu ses relations avec Tombouctou d'où venaient « naguère des caravanes annuelles de cinq cents ou six cents cha- « meaux chargés d'ivoire, de plumes d'autruche et de poudre « d'or. »

Les importations ont atteint pour 1905 le chiffre de 7.026.744 fr. La France en fait presque la moitié, soit 3.263.600 francs; l'Allemagne, 827.984 francs; l'Angleterre, 2.405.237 francs et la Belgique, 426.656 francs.

A l'exportation, le chiffre de l'Allemagne est un peu plus élevé que le nôtre, 717.192 francs et la France, 529.343 francs, mais, si l'on examinait les choses bien à fond, on s'apercevrait qu'une bonne partie des marchandises chargées sur les bateaux allemands sont débarquées à Anvers d'où elles arrivent en France.

Les principaux articles d'importation sont le sucre, 2.799.292 fr. ; les cotonnades, 1.754.465 francs; le riz, 709.010 francs; le thé, 538.830 francs; les farines, 370.886 francs; les bougies, 115.568 francs.

Le sucre vient presque uniquement de France, les cotonnades, le thé et les bougies d'Angleterre. Le riz était très peu connu il y a quelques années et c'est grâce à la famine que l'Allemagne est arrivée à faire prendre cette denrée.

Tous les autres articles d'importation sont loin d'avoir l'importance de ceux déjà cités. La quincaillerie arrive à 71.413 francs et la draperie à 57.200 francs. Les tissus de soie sont importés pour un total de 35.034 francs, dont 28.776 francs par la France et 6.258 francs par l'Allemagne.

Les gros articles d'exportation sont les peaux de chèvres qui donnent près de 2 millions ; les amandes, 1.357.900 francs ; les œufs, 849.538 francs; la gomme, 533.221 francs; les peaux de bœufs, 410.100 francs; les peaux de moutons, 246.500 francs; les cires, 204.250 francs. Aucun des autres articles n'atteint 25.000 francs.

Les peaux de chèvres viennent de Marrakech et du Sous, et vont en Grande-Bretagne et en France d'où la presque totalité est réexpédiée aux États-Unis.

Les amandes du Sous et des Hahas sont dirigées en grande partie sur Londres et sur Hambourg. Elles sont très mélangées de douces et d'amères, dans la proportion de 35 à 40 pour 100 d'amères et subissent, de ce fait, une moins-value de 10 à 20 francs par 100 kilogrammes.

Les huiles d'olives arrivent en grosses quantités du Sous, mais on en exporte peu à cause des droits qui sont assez élevés.

Les termes adoptés par les maisons d'Europe pour la vente aux maisons de Mogador sont très variables et il est impossible d'établir des règles bien fixes; ainsi, les cotonnades anglaises se vendent de trois à six mois, les sucres français à quinze jours de la date de facture, le thé comptant, le sucre belge se vend à terme.

Porte de la Kasbah (Marrakech).

Les crédits consentis par les maisons de Mogador aux commerçants du Sous sont généralement de quatre mois; au bout de deux mois et demi environ, ils commencent à payer, et, de quinze en quinze jours, on reçoit des règlements. On compte que l'on peut renouveler son capital trois à quatre fois par an. Pendant les bonnes années, il n'y a pas de pertes; pendant les mauvaises années, les règlements sont longs à obtenir.

MARRAKECH

Le commerce de Marrakech est, en grande partie, entre les mains des indigènes arabes ou juifs. Ces commerçants sont les correspondants de maisons européennes de la côte, ou bien ils ont dans les ports des correspondants chargés de leurs opérations de transit.

Lors de mon passage dans la capitale du Sud, il n'y avait qu'un seul négociant français, encore s'occupait-il surtout d'agriculture. La Compagnie marocaine venait juste d'envoyer un jeune homme pour fonder une agence et, à mon retour à Mazagan, j'ai appris que deux jeunes gens venaient de monter également à Marrakech pour s'y livrer au commerce et à l'agriculture.

Les maisons européennes sont encore peu nombreuses à Marrakech et c'est cependant un centre de commerce important. C'est là que viennent s'approvisionner toutes les régions plus éloignées de la côte, ainsi que celles de l'Atlas et du Sous. Il vient même des caravanes de la région de Figuig pour s'approvisionner de cotonnades spécialement.

Rue et Mosquée dans la Kasbah de Marrakech.

Pendant mon séjour à Marrakech, la pièce de 5 francs française a subi une dépréciation sur le chèque sur Paris et sur les autres monnaies françaises ; un écart de 10 o/o s'était produit en l'espace de quelques jours.

Une caravane venait d'arriver de la région de Figuig et de Beni-Ounif et versait sur le marché plus de 100.000 francs, en pièces de 5 francs, qu'elle rapportait du sud algérien où elle avait vendu ses produits.

Le négociant indigène est très au courant du commerce. Il passe ses commandes en Europe et donne des ordres à ses correspondants pour lui faire suivre ses marchandises. Il paie son fournisseur par un chèque sur Paris ou sur Londres.

N'essayez pas de le tromper en lui vendant du coton pour de la soie ou autres choses semblables. Il est habitué à manipuler tous les genres de tissus et saura bien faire la différence entre deux qualités similaires de drap ou de cotonnade. Ce n'est donc pas à un sauvage que l'on a à faire; les méthodes pour travailler ne diffèrent pas sensi-

Le mont Gueliz, prés Marrakech.

blement de celles employées en Europe, ou tout au moins en Algérie ou en Tunisie.

Marabout de Sidi-bel-Abbès au sommet du Guéliz, près Marrakech.

Les voyageurs français sont assez rares. Comme montant régulièrement à Marrakech, je n'ai guère entendu parler que d'un voyageur d'une maison de soieries de Lyon et d'un négociant en pierres précieuses, non pas qu'il y ait des gisements, mais les Juifs se laissent facilement tenter par la possibilité d'échanger contre de l'argent monnayé des pierres dont ils n'ont que faire, dont ils ont hérité ou qu'ils ont engagées à des Arabes à court d'argent. Pour un négociant désirant travailler à Marrakech, la question de paiement est assez délicate, et je crois qu'il est prudent d'avoir recours à quelqu'un établi dans le pays.

Je ne puis entrer dans tout le détail des marchandises importées ou exportées; qu'il me suffise de renvoyer aux divers échantillons rapportés et sur lesquels on trouvera tous les renseignements que j'ai pu obtenir, touchant la provenance, les prix d'achat et de vente.

L'industrie est importante à Marrakech et occupe de nombreux ouvriers répartis entre diverses corporations : les selliers, les fabricants de babouches, les tanneurs, les fabricants de plateaux en cuivre, les tisserands, les bijoutiers, les ferblantiers, les teinturiers, etc.

Chaque jour ont lieu dans les souks des marchés où les objets de l'industrie locale sont vendus aux enchères par l'intermédiaire des dellals ou crieurs publics. Le jeudi, se tient en dehors de la ville, près de la porte de « Bab el Khemis », un marché très important de bestiaux : chameaux, chevaux, mulets, ânes, bœufs.

Marrakech est aussi un centre agricole. La région correspondrait aux chaudes parties de l'Algérie. Le dattier y vient très bien, mais les espèces cultivées ne donnent pas des fruits très bons à manger.

L'eau qui sert à l'irrigation des palmeraies vient d'un des affluents de l'Oued Tensift et arrive au moyen de canaux souterrains.

Je crois inutile de donner une note sur Larache et sur Fez, ces deux villes ayant fait l'objet d'une monographie économique très complète, publiée en 1905, par M. René Leclerc.

CONCLUSIONS

Pour résumer les détails qui viennent d'être donnés sur le commerce du Maroc, on peut dire que ce commerce se monte, en moyenne, à 90 millions. C'est le chiffre de 1904. S'il a été un peu plus faible en 1905, cela tient à des circonstances exceptionnelles, à la mauvaise récolte de 1904 et à la période d'incertitude qui a coïncidé avec la conférence d'Algésiras.

La Tunisie, qui a une population six fois moindre que le Maroc, fait un chiffre aussi élevé.

L'Algérie, qui est aussi moins peuplée que le Maroc, fait 650 millions de francs de commerce extérieur.

Le commerce du Maroc est donc encore très loin d'avoir atteint le développement dont il est susceptible.

La population du Maroc n'est pas du tout la population inférieure que l'on pourrait croire. On doit distinguer, comme en Algérie, deux races dont les mœurs et les habitudes sont bien différentes : d'une part les Berbères et d'autre part les Arabes. L'une et l'autre ont des qualités très réelles.

Les Berbères sont les habitants primitifs du pays. Leurs mœurs et leur organisation sociale ne diffèrent pas de celles des Kabyles de l'Algérie. Tandis que les Arabes habitent épars dans la plaine et ne sont reliés entre eux que par les liens de famille, les Berbères sont fortement groupés en villages dans leurs montagnes. Ces derniers ont une organisation sociale et démocratique reposant sur la commune ; les Arabes, au contraire, donnent la préférence à la forme aristocratique et reconnaissent l'autorité du chef de famille et du chef de la tribu.

Les Berbères vivent dans les montagnes où les ont refoulés les envahisseurs et se font remarquer par leur endurance, leur âpreté au gain et leur façon ingénieuse de travailler la terre. Ils forment les deux tiers des habitants du Maroc. Ce sont eux qui, sous le nom générique de Marocains, viennent chaque année en Algérie, aux époques des gros travaux, et fournissent une main-d'œuvre de premier ordre très appréciée des colons.

Les Arabes sont les conquérants. Ils habitent généralement les plaines. Ils ont habité longtemps l'Espagne. Après la prise de Grenade, un grand nombre d'entre eux sont revenus au Maroc et se sont fixés dans les villes, à Fez et à Rabat notamment, où ils sont désignés sous le nom de Maures et se livrent au commerce, ou bien vivent de leurs revenus. C'est parmi eux que se recrutent aussi les caïds et les fonctionnaires du Maghzen.

La population du Maroc, en général, ne sera pas ennemie du progrès, surtout si elle y trouve son avantage; elle est toute préparée pour entrer dans le nouveau mouvement économique que nous voudrions voir se dessiner au Maroc.

Si, jusqu'à présent, le pays s'est montré si réfractaire au progrès, cela ne tient ni à la nature des choses, ni à la mentalité de ses habitants, mais cela tient surtout à son organisation intérieure qui fait que les chefs ont grand intérêt à conserver un état de choses qui leur est si profitable et dont ils vivent.

Mais, lorsque le Maroc possèdera une meilleure administration, une administration ayant à cœur de développer la richesse du pays, d'assurer la sécurité, il pourra prendre un large et rapide développement, car il est doté par la nature d'un sol fertile, d'un sous-sol qui promet d'être non moins riche, et toutes ces richesses sont encore à peine exploitées.

Les richesses agricoles et minières, en se développant, donneront lieu à un commerce plus étendu. Dans les villes où il y a encore si peu de commerçants et surtout de commerçants français, il y aura des places à prendre. Nos compatriotes de France et d'Algérie, habitués à trafiquer avec les musulmans de l'Algérie, de la Tunisie, de l'Afrique centrale, semblent mieux préparés que les commerçants des autres nations à conquérir ces places. Mais il y a urgence à ce qu'ils agissent de suite, sans attendre que le pays ait pris toute sa valeur et que les étrangers l'aient envahi. Les gros bénéfices, résultant de la plus-value du pays, seront pour ceux qui s'y seront installés les premiers.

Il est à souhaiter que cette poussée de négociants français, poussée sérieuse et réfléchie, se réalise, et que les Lyonnais qui ont déjà si largement contribué à la mise en valeur de nos colonies de l'Algérie, de la Tunisie, du Tonkin, de Madagascar s'en attribuent la direction en y exerçant une influence prépondérante. Chacun trouvera facilement à utiliser avec profit son activité et ses capitaux dans les multiples entreprises qui sont encore à créer au Maroc. Nous insisterons plus loin sur ce point.

Le meilleur moyen de contribuer à ce mouvement serait simplement de déterminer un courant de visiteurs. Le Maroc est un pays si captivant, ses promesses sont si engageantes, qu'on ne peut le parcourir sans l'aimer, sans s'intéresser à son développement et qu'on ne peut le quitter sans conserver le désir d'y revenir.

ANNEXES

CLIMAT ET COLONISATION

Lorsqu'on veut coloniser un pays, il faut d'abord en considérer le climat. Peut-on vivre et travailler dans ce pays sans y compromettre sa santé?

La situation du Maroc, sa configuration montagneuse, son système hydrographique lui donnent une climatologie privilégiée: on trouve au Maroc des régions saines en même temps que fertiles à une latitude qui ne comporte en Algérie que le désert.

Il ne faut pas, en effet, assimiler, malgré le voisinage, le climat du Maroc à celui de l'Algérie et particulièrement à celui de la province d'Oran. Si on veut se rendre compte des différences, il faut comparer ces deux pays avec la péninsule ibérique. Son versant méditerranéen, généralement montagneux, sec, aride, avec un seul grand fleuve arrivant à la mer, l'Ebre, ressemble à la province d'Oran. Le versant atlantique du Maroc, au contraire, doit être comparé au Portugal; comme lui, il est doté d'un climat chaud, mais sans températures extrêmes, de pluies abondantes apportées par les vents d'ouest qui ont passé sur l'Océan; comme lui, il est arrosé par de nombreux et grands fleuves qui apportent non seulement l'eau, mais aussi les limons et alluvions fertiles arrachés aux montagnes de l'intérieur.

Il faut cependant distinguer dans le Maroc plusieurs zones suivant leur position par rapport aux influences bienfaisantes de l'Océan.

La zone maritime, qui comprend Tanger et les ports, jouit de températures très adoucies par le voisinage de la mer.

Tanger bénéficie d'un climat particulièrement agréable et bien supérieur à celui des autres villes du nord de l'Afrique, voire même d'Alger.

La brise de l'Atlantique ne favorise pas également toutes les villes du littoral. Mogador, la ville la plus méridionale du Maroc, qui est bien exposée aux vents alizés du sud-ouest, a un climat très doux. La température présente beaucoup d'analogie avec celle de Madère et des Canaries.

Une deuxième zone comprend les grandes plaines de l'intérieur dont le climat est chaud en général, mais n'a pas cependant le caractère du climat continental avec ses grands écarts de température. Il est tempéré par le voisinage des montagnes, par les pluies régulières, par les fleuves qui traversent les plaines.

Dans la zone montagneuse, notamment l'Atlas et surtout l'Anti-Atlas, il faut distinguer le versant nord qui est arrosé, boisé et cultivé et les versants est et sud qui, généralement, sont incultes, arides et desséchés.

Le climat est sain à peu près sur toute l'étendue du territoire. On ne cite que très peu d'endroits où la salubrité laisse à désirer. Les Européens s'acclimatent très bien au Maroc. Les régions qu'ils peuvent habiter sont vastes et la colonisation française y trouvera un champ d'action plus propice même que l'Algérie et la Tunisie.

Actuellement, la colonisation européenne n'a pas encore débuté au Maroc. A peine peut-on citer de ci de là quelques tentatives isolées. La difficulté d'acheter des terrains à la campagne, le manque de sécurité, l'effort qu'il faudrait faire pour rompre avec la manière de faire habituelle, sont les principaux obstacles qui empêchent momentanément le développement de la colonisation.

Mais ces obtacles, qui, de loin, semblent infranchissables, se réduisent à peu de chose lorsqu'on les serre de près. Le jour ne saurait tarder où des règles certaines assureront la sécurité des biens comme des personnes dans tout le territoire marocain. Il faudra que ce jour-là les Français soient nombreux pour coloniser le Maroc et assurer à la France la prépondérance qu'elle désire. Les Lyonnais, déjà si nombreux, qui ont acquis l'expérience coloniale en Algérie et en Tunisie, semblent particulièrement désignés pour entreprendre cette œuvre de colonisation et y tenir la première place.

LA SÉCURITÉ AU MAROC

S'il est une question intéressant le commerce, c'est bien la sécurité que l'on peut rencontrer dans le pays où l'on veut voyager et aller offrir ses produits.

La vie des personnes est rarement en jeu au Maroc ; on ne connaît qu'un petit nombre de cas où l'européen ait été frappé parce que européen. Les meurtres que l'on cite sont dus pour la plupart à des vengeances personnelles. Celui qui s'est commis, en mai passé, à

Tanger est dû à l'effervescence qui semble être résultée de la conférence d'Algésiras.

Grâce au système de protection qui fixe en partie les rapports de l'indigène avec l'européen, celui-ci a conservé au Maroc un prestige et une force inconnus dans tout autre pays. Pour l'Arabe, l'européen est l'homme fort, dont il reconnaît incontestablement la supériorité, qui a des vapeurs, des frégates et des canons, à qui on donne toujours raison, parfois même contre le bon droit. Il sait que l'européen, le chrétien comme ils disent, fait des réclamations qui leur valent des razzias ou des impôts nouveaux.

Il ne faut cependant pas trop généraliser et penser que celui qui va au Maroc n'ait pas à craindre pour sa sécurité. A chaque instant, on est exposé à être attaqué, pas toujours pour être tué, mais plutôt pour être volé. Une grande prudence et certaines précautions sont utiles. L'Arabe vous respectera d'autant plus que vous serez bien armé et que vous aurez l'air disposé à vous défendre.

Il est donc bon d'être armé, mais il est inutile semble-t-il d'avoir des cartouches, car tirer vous mettrait dans une situation difficile, étant donné la solidarité de la tribu pour venger un de ses morts. Le fusil inspire une crainte suffisante pour tenir les rôdeurs à distance et pour donner confiance à vos gens.

Le degré de sécurité est très différent selon les tribus. Il est inutile de s'exposer dans des tribus qui sont dangereuses, comme celles des Zemmours, des Zaërs, du Sous, etc. D'une façon générale, les tribus du Sud, c'est-à-dire de ce qu'on est convenu d'appeler Royaume de Marrakech ou Haouz, sont beaucoup plus tranquilles que celles du Nord.

Enfin, il ne faut pas toujours se laisser effrayer par certaines personnes du pays qui sont très timorées, ou qui feignent de l'être, quelquefois dans le but de décourager le nouvel arrivant.

L'Arabe fait très peu de différence entre les diverses nationalités. Seul l'Arabe de la côte distingue l'Espagnol, le Francis, l'Inglise, le Prouss. Partout ailleurs, l'européen est pour eux le nsrani ou chrétien.

Si la sécurité des personnes peut être garantie ou à peu près, il n'en est pas de même de la sécurité des biens. Le Marocain est essentiellement menteur, mendiant et voleur. Il recherchera toutes les occasions de vous voler, en vous trompant d'abord et en vous dérobant furtivement les moindres objets qui attirent son attention ; aussi ne saurait-on trop prendre de précautions à cet égard.

Par contre, en général, lorsqu'un négociant vend à un Arabe, il est à peu près sûr d'être payé. Il faudra longtemps, car l'Arabe n'est pas pressé ; mais enfin il paye. La question de change seule influe beaucoup sur la rapidité des règlements.

On connaît peu la faillite. Il semble qu'on pourrait avoir beaucoup plus confiance dans les négociants de l'intérieur que dans ceux de la côte, et, parmi ceux-ci, faut-il distinguer les Arabes et les juifs. Le contact de l'Européen est en général peu favorable à la probité. Cela tient surtout à ce que, parmi les Européens qui vont aux colonies, ce sont souvent des aventuriers, quelquefois des gens brûlés ailleurs pour qui tous les moyens sont bons ; ils donnent à l'indigène des exemples fâcheux, que celui-ci n'est malheureusement que trop porté à suivre.

LES MOYENS DE COMMUNICATION

Les moyens de communication sont très rudimentaires au Maroc.

Pour aller d'Europe ou d'Algérie à Tanger, la chose est assez facile, car, outre les bateaux partant régulièrement de Hambourg, d'Anvers, de Londres et de Marseille, le chemin de fer conduit tous les jours à Algésiras ou à Cadix, d'où un service de bateau postal conduit en trois heures ou six heures à Tanger.

Pour aller de Tanger dans les divers ports de la côte, la chose est déjà plus difficile ; les services sont plus rares et irréguliers. Parfois, trois vapeurs partent ensemble pour le même port et l'on restera ensuite quinze jours sans communication.

Les ports sans barre, Casablanca, Mazagan, et Mogador sont assez bien partagés ; mais Larache, Saffi et surtout Rabat sont très mal desservis.

Un tableau annexe indique les principales Compagnies faisant le service de bateaux pour aller au Maroc.

Nous voilà au Maroc. Il s'agit de circuler dans l'intérieur. C'est là surtout que les choses se compliquent.

Il ne faut pas songer à prendre le chemin de fer qui n'est pas encore connu ; pas davantage les voitures, car les routes sont encore à faire. Il ne reste donc au voyageur que la ressource de monter à cheval ou à mulet. Aller à pied ou sur âne n'est pas convenable pour un chrétien ; ces modes de locomotion sont réservés aux pauvres ou aux juifs, et ce serait annihiler son prestige que de les employer.

Combien coûte un voyage dans l'intérieur? C'est une chose très difficile à évaluer, car on peut voyager de tant de manières différentes, suivant qu'on veut le faire plus ou moins confortablement ou luxueusement. Je citerai donc les chiffres que j'ai expérimentés et qui sont relativement peu élevés.

Un domestique interprète	2 fr. 50
Location de deux bêtes	6 »
Leur nourriture	3 »
Nourriture, nzala, etc.	5 »
Soit.	16 fr. 50

Il faut remarquer que ces prix ne sont que très approximatifs, et qu'ils varient beaucoup suivant les endroits et les époques. On trou-

Au Retour du Dar Si-Aïssa, Caïd des Abdas.

vera des bêtes à 2 fr. 50, comme il se peut qu'à 5 francs il soit difficile d'en louer.

Mais la meilleure méthode est d'acheter ses bêtes ; pour un voyage de quelques jours, il est toujours avantageux de le faire. Là encore, il y a un danger, c'est d'acheter des bêtes vicieuses qu'il est ensuite très difficile de revendre.

Les domestiques se trouvent assez facilement. S'ils ne parlent que l'arabe, on les paye assez bon marché, on leur promet 25 à 30 francs par mois. Ceux qui sont capables de servir d'interprètes demandent souvent plus du double.

Dans l'intérieur, on trouve toujours à acheter des œufs, des poulets; le lait est plus rare, parce que les gens n'ont pas l'habitude de le consommer. Avec la crème, ils font du beurre, et ils mangent le lait aigre. — Le fromage leur est inconnu.

Il est bon d'avoir cependant quelques boîtes de conserves, car on arrive quelquefois tard à l'étape ; on a besoin de se reposer, et les Arabes ne sont jamais pressés ; il ne faut pas compter manger avant une ou deux heures après l'arrivée. On peut trouver de la mauvaise volonté ; aussi faut-il toujours pouvoir se passer de quelqu'un. Si on veut du pain, il est indispensable de l'emporter lorsqu'on sort de la ville, car, dans la campagne, il n'y en a jamais ; les gens ne mangent qu'une espèce de galette assez indigeste.

Pour le logement, il est nécessaire d'emporter une tente, un lit de camp et des couvertures. On ne trouve à en louer qu'à Tanger ; dans les villes de la côte, on ne peut penser à s'en procurer à moins d'avoir des relations avec des négociants ; mais encore faut-il bien s'assurer que leur matériel est disponible. Pour compléter le campement, il faut ajouter une ou deux casseroles, un seau et une corde, du charbon de bois, sans oublier le soufflet qui rend de grands services.

Nous avons vu que les moyens de communication sont actuellement très primitifs ; de nombreux projets ont été mis à l'étude pour les améliorer.

D'abord, du côté de la frontière algérienne, le chemin de fer de Tlemcem à Lalla Marnia est en voie d'exécution. Dans quelques mois, il sera terminé et la voie ferrée française atteindra la frontière marocaine à l'entrée de la dépression Oudjda-Taza-Fez. Jusqu'à Marnia, les travaux sont assez difficiles à exécuter, car la région est montagneuse, mais au delà, du jour où l'exécution en aura été décidée la construction marchera très rapidement jusqu'à Fez.

Mais ce chemin de fer, qui est de grande urgence au point de vue politique, n'aura qu'un intérêt assez secondaire au point de vue économique. Les relations de l'Algérie et du Maroc, pays de productions analogues, seront nécessairement plus restreintes que celles du Maroc avec l'Europe. Les chemins de fer du côté atlantique présenteront un caractère économique bien plus réel ; celui de Tanger à Fez sera un des premiers construits.

Un projet très complet à été étudié sur place par un ingénieur français, avec le concours de M. de Courten, ingénieur aux chemins de fer égyptiens. Le projet comprend un tunnel sous-marin traversant le détroit, et une ligne Tanger-Fez-Oudjda-Marnia, au total 564 kilomètres. Il est évident que la construction d'un tunnel sous-marin doit être remise à une date très éloignée, car actuellement le trafic serait très loin de donner des résultats satisfaisants. Mais le projet Tanger-Fez est à retenir.

On a parlé de chemin de fer reliant les villes de la côte. On dit que plusieurs Compagnies ont étudié divers projets, mais en fait personne n'en connaît les conclusions. Cependant, à première vue, du moment que l'on fait des ports, un chemin de fer côtier ne présente que peu d'intérêt à côté de ceux de pénétration.

Pour le moment, il ne faut pas encore attacher beaucoup d'importance à ces projets de chemins de fer, car rien n'en fait prévoir une réalisation prochaine. On eût pu croire, à un certain moment, que le Maroc, placé sous l'influence française, allait prendre un rapide essor ; mais la politique allemande est venue le faire retomber dans l'inertie d'antan.

La plupart des transports de marchandises se font à dos de chameaux.

Le Marché aux chameaux à Marrakech.

Les chameliers vont d'un point à un autre, mais ne vont pas plus loin et ne changent pas d'itinéraire. Ils appartiennent généralement à une tribu placée sur leur trajet.

La charge d'un chameau est assez variable. Elle peut être estimée à 200 kilogrammes en plaine et à 150 en montagne. Le volume du colis influe aussi sur le prix de transport. Comme il n'y a rien de fixe, tout est à discuter avec le chamelier. Les charges étant à mettre sur le dos des chameaux doivent être divisées en deux demi-charges.

Le prix de la charge de chameau varie en raison de la saison, de la sécurité, de l'affluence des marchandises. En hiver, les risques sont beaucoup plus grands : le terrain est glissant ; un chameau qui tombe se casse souvent une jambe et est perdu. Pendant les grosses eaux, les chameliers sont obligés d'attendre quelquefois longtemps pour pouvoir traverser une rivière. Entre Mogador et Marrakech, le prix de la charge est quelquefois de 15 pesetas, soit 10 francs environ ; à d'autres moments, il atteint 60 pesetas, soit 40 francs. Entre Tanger et Fez, il se tient entre 40 et 70 pesetas. Entre Larache et Fez, 20 à 30 pesetas.

Il n'y a pas de règles pour le payement : quelquefois c'est le destinataire qui paye ; quelquefois c'est l'expéditeur, ou bien chacun donne la moitié du prix de transport, mais toujours en monnaie ayant cours dans le pays d'arrivée; ainsi, les caravaniers qui vont au Sous demandent à être payés en isabelles, car c'est de cette monnaie dont ils auront besoin au terme de leur voyage.

Le temps de route n'est jamais fixe, les chameliers s'arrêtent souvent chez eux, ou bien ils sont obligés d'attendre la baisse des eaux, etc

Les chameliers sont en principe responsables des marchandises qu'ils transportent. On peut faire constater chez un adoul ou notaire arabe les marchandises prises. L'acte coûte 1 peseta environ et est remis à l'expéditeur. Tous les dommages qui sont de la faute du chamelier sont à sa charge. Dans les cas de force majeure, de méfaits, etc..., l'acte de l'adoul servirait à réclamer une indemnité au maghzen.

Lorsqu'on veut expédier de la monnaie, on demande au caïd un soldat pour accompagner le chameau. Le soldat est à la charge de l'expéditeur.

Voici un tableau indiquant la marche des caravanes dans le sud du Maroc,

Les caravanes partent de *Mogador* pour:

MARRAKECH.	Oued Draâ (par le Gunfadi). Haut-Drâa (— Glaoui).	Fez. Debdou. Tafilelt. Chemin de fer français.
	Demnat.	Fez. Oued Drâa. Casablanca (par Tadla).
	Casablanca.	
	Mazagan.	
	Saffi. Tadla.	Rabat. Fez-Menhès.
TARROUDENZ.	Ras el Oued.	Drâa. Oasis kablas. Marrakech.
	Oued Noun.	Relations avec le Sahara, Tombouctou, Afrique centrale, Intérieur, Saint-Louis.
	Tiznit.	
	Oasis de Aha-Tata (dattes).	
TIZNIT.	Oued Noun.	
	Sur le chemin du Soudan.	Aka-Tata.
RAS EL OUED.	(Haut Sous).	
SAFFI.		

LA MAIN-D'OEUVRE

La main-d'œuvre au Maroc est assez bon marché. Mais, là encore, il faudrait se garder de généraliser; car il y a à distinguer entre la main-d'œuvre payée par l'Arabe et celle qui se loue à l'européen. Un fait probant est la quantité considérable d'émigrants qui vont du Maroc en Algérie à l'époque des gros travaux. C'est évidemment l'appât de plus gros gains qui les attire chez nous.

Les Marocains s'apprêtant à débarquer à Nemours.

Le prix de la main-d'œuvre employée par l'européen au Maroc est déjà bien plus élevé que celui de la main-d'œuvre employée par l'Arabe ; il tendra nécessairement à s'élever au niveau de celui qui est payé en Algérie.

Cependant le Marocain est placé au Maroc dans de meilleurs conditions pour vivre économiquement ; il peut par conséquent se contenter d'un salaire bien moindre. L'exportation des céréales est prohibée ou grevée de droits ; il s'ensuit que ces denrées, base de la nourriture de l'indigène, sont à bon marché.

Le même cas se produit en Egypte où le sorgho, ne ne consommant que sur place, est à très bas prix ; comme les indigènes en font leur principale nourriture, un salaire minime leur suffit pour vivre.

A titre d'exemple, un négociant peut trouver un Arabe sachant lire et écrire sa langue natale, connaissant un peu l'espagnol pour 15 douros par mois, ou en monnaie française 50 francs. Des journaliers se paient 50 centimes par jour, un bon domestique 5 à 10 douros par mois, soit 25 à 50 francs.

A Marrakech, les prix seraient peut-être encore plus bas.

La main-d'œuvre indigène, surtout celle des Berbères, est de bonne qualité. Les Marocains sont en général de bons travailleurs agricoles, et ceux qui viennent en Algérie sont fort recherchés par les colons.

Les mines d'Algérie occupent beaucoup de Marocains, surtout des gens du Sous.

LES CAPITAUX AU MAROC

Si l'on décompose par nationalités le nombre des maisons de commerce européennes au Maroc, on constate que ce sont les maisons anglaises, françaises et allemandes qui dominent. La plupart des maisons gibraltariennes sont dites anglaises. Cette situation spéciale des habitants de Gibraltar qui ne sont ni anglais, ni espagnols, qui ont hérité d'une grande partie des qualités de l'une et l'autre races, qui ont des relations aussi bien en Angleterre qu'en Espagne et à Gibraltar, leur donne des facilités que n'ont pas les européens arrivant d'Europe.

Comme maisons de premier ordre ayant des capitaux disponibles au Maroc, on n'en peut citer qu'un très petit nombre. La plupart des maisons qui sont venues s'établir au Maroc ont débuté avec peu d'argent ou pas du tout. Ce n'est qu'à la longue qu'elles se sont développées, et qu'elles ont acquis le capital dont elles disposent dans les affaires ; mais encore n'est-il pas employé tout entier, et c'est une plainte unanime que ce manque de capitaux disponibles. Plus que partout ailleurs, les bonnes affaires, celles qui laissent des gains appréciables, sont entre les mains de ces quelques privilégiés ayant un patrimoine en dehors de celui des affaires, pour profiter soit d'une occasion de terrain, soit d'opérations comme il s'en est présenté l'année passée où tous les produits du pays, hormis les produits alimentaires, étaient pour rien. Tel négociant a acheté tous les tapis marocains à moitié prix de leur valeur, et les revend à présent avec 100 pour 100 de bénéfice. Tout le monde voyait bien que c'était une bonne affaire, mais un seul a pu la faire.

MURIERS, SOIES ET SOIERIES

Le mûrier est cultivé un peu au pied de l'Atlas et surtont dans les parties montagneuses du Rharb. La région de Tétouan et celle de Fez sont presque les seules où l'on élève le ver à soie. Les méthodes employées sont très primitives et les cocons sont assez grossièrement filés.

Ces soies servent à la confection des foulards et des haïks fabriqués à Fez. Elles sont très fortement concurrencées par les soies asiatiques qui arrivent par Marseille et qui sont de plus en plus employées.

Un essai très intéressant a été tenté à Tanger par un Anglais, M. Anderson. Il a planté 5.000 mûriers près de Tanger et continue à en planter. Le mûrier vient parfaitement bien. M. Anderson fait venir ses graines de vers à soie de France et il obtient de beaux cocons. L'élevage se fait dans le courant du mois de juin.

Un coin de Souk-el-Khemis (Marrakech).

Comme tissus de soie, on ne fait au Maroc que la ceinture et le foulard de soie façonnés à petits motifs géométriques toujours rouges, avec un apprêt très gommé que l'on n'obtient que très difficilement à Lyon. A Fez, on fait aussi le haïk qui se compose généralement d'une bande laine et d'une bande soie.

Il se consomme beaucoup de soie pour la broderie à Fez, à Marrakech et à Rabat.

La valeur des soies importées se monte à 6 à 700.000 francs par an, dont 600 à 650.000 francs par Marseille, et 30 à 40.000 francs par l'Angleterre. Comme c'est un article de luxe, le chiffre des importations est assez variable ; en 1902, il a atteint 1.185.775 francs.

Il en est de même des soieries importées ; le chiffre de 1903 a été de 1.225.835 francs et en 1902 de 811.525. En 1904, année qui n'a pas été bonne, il ne s'est élevé qu'à 636.019 francs.

C'est à la France que revient la plus grosse part, mais elle commence à être vivement concurrencée par des soieries de provenances allemande et italienne.

La moitié des importations de soieries se compose de foulards, dits châles du Maroc, de 80 centimètres, avec franges, façonnés avec ou sans fleurs brochées. Il se fait aussi du satin, du velours, de la mousseline brochée ou rayée, etc., en qualité assez bon marché. Fez et la cour consomment quelques beaux tissus, mais en faibles quantités

Le « Attar » ou marchand de drogues au Marché de Marrakech.

MÉTIERS POUR EUROPÉENS

Comme nous l'avons vu, la population européenne est peu nombreuse dans chaque ville ; cependant, elle représente une certaine consommation et peut procurer du travail à plusieurs professions.

Dans toutes les villes, on utiliserait bien les services d'une couturière de prétentions modestes. Actuellement, la population féminine est obligée de faire venir d'Europe, à grands frais, des vêtements confectionnés qui ne conviennent pas toujours.

Pour les vêtements d'hommes, un tailleur ne trouverait peut-être pas d'occupations suffisantes dans chaque ville ; mais un voyageur d'une bonne maison de confection recueillerait sûrement des commandes intéressantes. Une foule de métiers, actuellement exercés par des Espagnols ou des juifs, seraient pris avec profit par des Français qui accapareraient sans peine toute la clientèle aisée : coiffeurs, cordonniers, épiciers, etc...

On trouve des hôtels français dans toutes les villes, sauf à Saffi, Rabat et Marrakech ; pour le moment, les hôtels espagnols qui existent à Saffi et à Rabat peuvent suffire ; mais, si ces villes prenaient un peu d'importance, des hôtels français réussiraient bien. Ils pourraient s'adjoindre, comme l'ont fait déjà avec succès les hôteliers de certaines villes, l'épicerie ou bien la boulangerie. — A Saffi, il n'y a aucun boulanger ; on est réduit à faire pétrir son pain chez soi et à le porter aux fours arabes.

Dans les villes déjà un peu peuplées, les hôtels-pensions à prix modérés ont toute chance de réussite. Il y a toujours une bonne partie des Européens au Maroc qui sont célibataires et ont avantage à vivre en pension.

Il y a partout à présent des médecins du gouvernement français qui ont à charge les dispensaires ; ils ont une clientèle libre et tiennent la pharmacie.

DÉBOUCHÉS DE L'INDUSTRIE LYONNAISE AU MAROC

Lyon, placé au centre d'une région industrielle de premier ordre, en communication directe et facile par la vallée du Rhône avec le Midi, la Méditerranée et l'Afrique du nord, est particulièrement désigné pour profiter de l'ère nouvelle qui va s'ouvrir au Maroc. Toutes ses industries y trouveront des débouchés que réclame la production intensive moderne, en même temps qu'elles en recevront des matières premières telles que les peaux, les laines, les cires, les amandes, le liège, etc., et peut-être un jour le coton et la soie.

Il est difficile de déterminer la part qui revient actuellement à la région lyonnaise dans le commerce que la France fait au Maroc.

Les soieries françaises importées au Maroc proviennent, à peu près uniquement, des manufactures lyonnaises. Il s'en fait une moyenne de 600.000 francs par an. Ce chiffre est loin de représenter la réalité à raison de la contrebande et de l'évaluation souvent erronée de la douane ; il est loin surtout de représenter la capacité de consommation du Maroc. L'état d'anarchie dans lequel s'est débattu le pays jusqu'à présent, l'absence de régularité dans la perception des impôts, sont les seules causes de la faiblesse des importations de cet article de luxe. C'est Tanger qui est le marché d'approvisionnement pour les tissus et les foulards de soie.

Les soies grèges de Chine et d'Orient sont employées au Maroc ; elles n'arrivent pas directement, mais y sont importées par des maisons de Lyon et de Marseille pour un total annuel de 600.000 fr. environ.

A Lyon, le fait remarquable de ces trente dernières années, c'est le développement d'un grand nombre d'industries diverses à côté de la fabrique de soieries, son industrie principale, qui maintient ses positions.

Les cotonnades, nouveautés et impressions de Thizy et de Villefranche, les draps de Vienne, les couvertures de Cours, la verrerie, la quincaillerie et les produits métallurgiques de Saint-Etienne, les chaux et ciments de l'Ain, de l'Isère, de l'Ardèche, sont autant d'articles que la région lyonnaise serait à même de fournir avantagousement au Maroc, malgré la concurrence qu'elle pourrait rencontrer de la part des pays étrangers.

Les sucres, les pâtes et autres produits alimentaires, les bougies sont des produits de trop grosse consommation au Maroc pour que ce pays n'attire pas l'attention des producteurs de notre région. Les débouchés vont s'élargir au fur et à mesure que le pays s'ouvrira plus largement à la civilisation et il faut se tenir prêt à en profiter avant qu'ils ne soient accaparés par d'autres.

Mais le commerce n'est pas la seule source de profits que pourrait trouver au Maroc la France et plus spécialement la région du Sud-Est.

Je ne reviens pas sur la colonisation proprement dite que j'ai signalée en parlant du climat, mais j'insiste sur ces multiples entreprises où les Lyonnais peuvent consacrer, avec profit, leurs capitaux et leur activité.

Les minerais abondent au Maroc d'après les données que nous ont fournies les explorateurs et les géologues. Le fer a été reconnu dans le nord et entre Saffi et Mogador. Le cuivre est extrait dans le Sous par les indigènes. Le charbon a été trouvé dans le Rif. Le plomb, l'antimoine, les phosphates abondent en certaines régions.

Jusqu'à présent, aucune de ces richesses minières n'est en exploitation, mais ce sera une des premières choses auxquelles il faudra s'intéresser dès que la sécurité et les moyens de transport le permettront.

Tous les travaux publics sont à faire, depuis la construction des routes jusqu'à celle des ports et des chemins de fer.

La métallurgie et les industries similaires auront là des travaux à entreprendre et, de plus, une foule d'ingénieurs, entrepreneurs, contre-maîtres y trouveront à employer leurs connaissances et leurs capacités.

Les villes modernes n'existent nulle part et la perspective de leur construction offre de nouveaux horizons aux capitaux disponibles en France. L'achat de terrains urbains dans les villes ou leurs environs immédiats, l'édification d'habitations et de magasins plus appropriés aux exigences du confort européen, semblent, notamment, devoir donner une rémunération appréciable aux capitaux qui y seront consacrés.

Enfin, il n'est pas douteux que l'étude sur place, détaillée et réfléchie, des affaires amènera, à la longue, la création de nombreuses branches de commerce et d'industrie auxquelles l'état actuel du Maroc ne permet pas de songer pour le moment.

POIDS ET MESURES

Les poids et mesures sont très variés au Maroc. Chaque région, chaque tribu a les siens, et ni les uns ni les autres n'ont un cours légal. Il existe une véritable anarchie à ce point de vue.

Les poids et mesures employés à Mogador ne sont pas les mêmes que ceux de Casablanca, etc. ; il est matériellement impossible de donner le détail de tous, mais, à titre d'exemple, je vais donner ceux qui sont en usage à Mogador.

1° La douane se sert de la livre française de 500 grammes.

2° On emploie la livre anglaise dans quelques cas assez rares, pour quelques produits seulement.

3° Le rethal attari (livre des épiciers) qui est la mesure la plus courante pour l'épicerie, la droguerie. Elle équivaut au poids de 20 pièces de l'ancienne monnaie d'argent espagnole qui pesait 27 grammes. Le rethal attari pèse donc 540 grammes.

Le quintal (quintal srir) vaut 100 livres, soit 54 kilogrammes.

Une livre se divise en 16 ouquias (onces).

Un ouquia se divise en moitiés, quarts, huitièmes.

4° Le rethal khedari (livre des légumes) employé pour des légumes. Il équivaut au poids de 37 piastres et demie, soit 1 kilog. 0025.

Il se divise en 16 onces. — La plus petite division employée est 2 onces.

5° Le rethal djezzari pèse autant que 32 piastres, soit 894 grammes ; il se divise comme le rethal khédari.

6° Le rethal bqâli, pour les matières grasses, l'huile, le miel, la cire, le beurre, les fruits secs.

Il pèse 810 grammes et se divise en 16 oukias.

Le quintal kbir pèse 81 kilogrammes.

7° Le rethal arari, employé pour la soie seulement, pèse autant que 16 piastres, c'est-à-dire 432 grammes. Il se divise en 16 onces ; l'once se divise en seizièmes.

8° Pour l'or, les pierres précieuses, la parfumerie fine, le musc, les essences, les produits pharmaceutiques, on a adopté les divisions françaises.

Une once ou oukia équivaut à 8 karats (temenn).

Un karat équivaut à 8 gros.

Un gros vaut 24 grains ou nouaillas.

Le grain est différent de celui des mesures françaises.

L'origine du grain arabe est le poids d'un grain de caroube.

Huit sortes de poids sont donc en usage à Mogador suivant les marchandises que l'on a à peser.

Les *mesures de capacité* servent seulement pour les grains et pour le sel. L'unité est le temenn qui pèse pour le blé 27 livres attari, et pour l'orge 24 à 25 livres attari.

Le temenn se divise en demis, quarts, huitièmes, seizièmes. Le seizième de temenn s'appelle krida ou petit singe. — La karouba vaut 16 temenn ; on emploie aussi le rbâa qui est le quart de la karouba.

Un essai d'unification des mesures a été fait à Mazagan. Sur l'initiative de M. Brudo père, tous les commerçants se sont entendus pour adopter le double-décalitre français. Les mesures sont fabriquées en France et doivent porter l'estampille de contrôle : Commerce de Mazagan.

Les *mesures de longueur* sont les plus uniformes. C'est toujours la coudée qui est en usage, et elle ne varie que de quelques centimètres. A Mogador, elle vaut 0 m. 50 à 0 m. 56. On compte généralement que 9 qâla (coudée) valent 5 mètres.

La coudée se divise en quarts, huitièmes, seizièmes.

La *mesure agraire* en usage à Mogador est la qsba ou roseau qui vaut 6 qâla.

Pour les tapis, nattes, couvertures, haïks, on ne se sert plus de qâla fixe, mais de la coudée de l'homme (du coude à l'extrémité du majeur) qui est plus petite et varie selon l'acheteur.

Les *monnaies marocaines* d'argent sont :

Le rial (ou piastre ou douro),		valant 5 pesetas hassani.
Le nous rial	(1/2 piastre),	— 2 pesetas 1/2.
Le rbâa riel	(1/4 piastre),	— 1 peseta 25.
Le nous peseta	(1/10 piastre),	— 0 peseta 50.
Le guerch ou bilioum	(1/20 piastre),	— 0 peseta 25.

On se sert pour compter de plusieurs monnaies fictives. Ce sont :

Le mouzonna qui équivaut à	0,01
Le oukia —	0,04
Le methqal —	0,40

Dans certaines régions comme Fez, Tétouan, etc., la piastre, au lieu de se diviser en 12 methqals et 1/2, se divise en 14 methqals, ce qui donne au methqal de ces régions une valeur de 0 fr. 35.

Ces monnaies fictives sont toujours employées surtout pour les enchères sur les marchés.

Les monnaies de cuivre ont été frappées il y a quelques années par le sultan actuel. Elles correspondent à nos pièces de 0 fr. 10, 0 fr. 05, 0 fr. 02, 0 fr. 01. Elles n'ont pas cours dans les villes du Maroc, sauf cependant à Tanger. Les indigènes continuent à se servir des flous ou stach, monnaie grossière de bronze sur laquelle les empreintes sont en grande partie effacées. On en a 36 pour un guerch (0 fr. 25). Ils n'en acceptent pas d'autre. La valeur des flous en permet l'exploitation comme métal. On compte aussi en pesetas qui correspondent au franc.

Au Sous, on se sert d'hassanis, de la monnaie espagnole actuelle qui suit le cours, et de l'Isabelle, ancienne monnaie espagnole qui subit une perte d'un tiers environ sur l'hassani. On se sert encore, comme monnaie de cuivre, de flous ; mais ils sont en cuivre pur, brillant, appelé asfri. — Ils valent davantage que les autres.

Les monnaies étrangères, notamment les monnaies françaises et espagnoles, sont acceptées partout au cours du change. A certains moments, les monnaies d'or font même prime sur les pièces d'argent ; c'est généralement un caïd qui veut faire des réserves en or, et se les procure à un taux plus élevé ; ou bien, c'est au moment du départ pour la Mecque : les pèlerins ont besoin d'or pour leur voyage.

COMPAGNIES DE NAVIGATION AU MAROC

Compagnie Paquet — Le premier de chaque mois, à huit heures du matin. Départ de Marseille pour :

Tanger, Casablanca, Mazagan et (ou) Mogador.

Le 16 *(idem)*.

Le 11, à cinq heures du soir :

Gibraltar, Ceuta, Tétouan, Tanger et la côte marocaine.

Le 21 *(idem)*.

Les bateaux du 11 et du 21 sont susceptibles de modifications.

Sur la côte marocaine, les escales de Larache, de Rabat et de Saffi, étant d'un accès difficile, les bateaux n'y touchent qu'irrégulièrement, et les passagers ne débarquent que si le temps le permet ; sinon, ils descendent au port le plus voisin.

Pour le retour, il n'y a qu'un bateau à peu près régulier, celui qui touche le 22 à Casablanca et le 23 à Tanger.

La compagnie Paquet doit, paraît-il, établir un autre service fixe pour le retour.

On peut avoir des billets directs de Lyon à Tanger pour le bateau du 1er à raison de 140 francs en première ; 97 francs en deuxième (nourriture comprise). Les billets de Paris à Tanger reviennent à 197 francs en première, et à 136 francs en deuxième (nourriture comprise)

La grande rue à Melilla.

Voici les tarifs de Marseille à :

	1re CLASSE	2e CLASSE
Gibraltar	60	40
Tanger	70	50
Larache	80	55
Rabat	90	60
Casablanca	100	70
Mazagan	110	75
Saffi	120	80
Mogador	120	80

Sur le pont, le prix est la moitié d'une place de première.

La nourriture se paye en plus à raison de 6 francs par jour en première et 4 francs en deuxième.

Compagnie de navigation mixte. — Cette compagnie n'a pas de service direct pour le Maroc.

Un bateau part de Marseille tous les mercredis, et touche Oran, Nemours, Melilla, Tanger. A ces escales elle ajoute tous les quinze jours Tetouan, et touche au retour à Malaga.

Les billets de Lyon à Tanger coûtent 140 francs en première et 97 francs en deuxième.

Ce service a l'inconvénient d'être très long ; mais c'est le seul pour le voyageur désirant aller à Tetouan ou à Melilla.

Les bateaux de la compagnie allemande *Deutch Ost Africa Linie* vont en cinquante heures de Marseille à Tanger et vice versa une fois par mois.

Le prix est de 100 francs en première et de 75 francs en seconde (nourriture comprise). Les paquebots sont bien installés.

Les compagnies anglaises « Peninsular » font le service entre Gibraltar et Marseille, une fois par semaine. Mais pour aller à Tanger, on est obligé de coucher une nuit à Gibraltar, ce qui revient très cher, car il faut compter l'hôtel, le débarquement, l'embarquement, les portefaix, etc.

De *Gibraltar à Tanger*, le mardi, le jeudi et le samedi à onze heures et demie :

Par le *Magnus*, 12 fr. 50 en première, 10 francs en deuxième.

Par le *Djébel*, 2 fr. 50 en première, 1 franc en deuxième.

Départs de Tanger pour Gibraltar les lundi, mercredi et vendredi ; le trajet s'effectue en trois heures.

La *Compagnie transatlantique espagnole* fait le service entre Cadix et Algésiras, en touchant à Tanger.

Départs de Cadix, les lundi, mercredi et vendredi.

Départs d'Algésiras, les mardi, jeudi et samedi.

ÉCHANTILLONS

M. A. Charmetant a rapporté de sa mission au Maroc un certain nombre d'échantillons de produits naturels et industriels du Maroc, ainsi que des échantillons des produits européens qui y sont demandés.

Ces échantillons ont été déposés au Musée colonial de la Chambre de commerce de Lyon (Palais du Commerce).

STATISTIQUES

Tableau par pays de provenance des principaux articles importés au Maroc en 1904[1].

MARCHANDISES	FRANCE	GRANDE BRETAGNE	ALLEMAGNE	BELGIQUE	ESPAGNE	TOTAUX
Cotonnades. . .	1.213.295	16.491.125	47.336	630	21.500	17.941.807
Tissus de laine. .	99.197	115.828	598.880	47.885	»	893.467
Tissus de soie. .	462.375	53.812	11.332	4.000	2.000	636.019
Thé	137.299	2.804.791	386.268	9.065	2.250	3.352.458
Sucre.	9.475.789	90.320	336.680	1.463.661	2.625	12.322.381
Matérielde guerre.	948.165	101.250	10.000	6.000	»	1.265.415
Machines. . . .	65.415	14.510	18.067	9.000	»	116.798
Bougies	24.228	1.523.308	22.209	54.915	»	1.624.660
Allumettes . . .	31.770	6.375	»	1.455	»	123.742
Drogues	66.447	36.800	7.135	10.500	3.000	126.257
Comestibles divers	186.071	297.662	14.477	4.575	32.461	536.978
Café	77.971	81.329	36.487	20.730	589	228.286
Epices	202.781	378.383	29.335	10.050	295	639.361
Huile d'olive . .	6.625	30.800	»	»	94.275	133.075
Bois	18.545	24.868	34.224	2.420	48.412	450.675
Pétrole	248	122.827	»	8.700	21.215	192.954
Quincaillerie . .	109.092	302.122	191.468	70.388	59.744	764.505
Savon.	12.634	44.950	2.085	1.195	400	61.264
Papiers	106.690	5.645	26.928	7.124	6.028	157.590
Boissons. . . .	190.717	61.826	128.341	37.548	245.730	780.750
Fers	16.224	136.520	26.372	124.705	4.262	308.353
Soies grèges . .	610.347	3.400	»	»	»	628.747
Farines, semoules.	1.390.100	82.888	»	»	3.400	1.841.587
Produits divers.	. . . . .	. . . . .	. . . . .	. . . .	. . . .	. . . . .
TOTAUX. . .	18.706.143	26.386.856	2.839.090	388.114	1.235.052	54.493.524

[1] Les statistiques de 1905, à raison de la crise exceptionnelle qu'a subie le Maroc, donnent une appréciation moins exacte que celles de 1904 du véritable état commercial du pays.

Tableau par pays de destination des principales marchandises exportées du Maroc en 1904.

MARCHANDISES	FRANCE	ALLEMAGNE	GRANDE BRETAGNE et GIBRALTAR	ESPAGNE et CANARIES		TOTAUX
Bœufs.	»	»	881.200	625.600	»	1.506.800
					Etats-Unis	
Peaux de chèvres.	521.200	467.857	229.510	9.261	1.268.856	2.565.686
Laine en suint. .	591.231	1.289.891	110.048	43	»	2.003.167
Cire	107.908	870.471	177.121	»	»	1.206.164
Œufs.	31.246	214.957	3.273.746	1.319.118	»	4.839.868
Alpiste	52 440	776.282	873.303	27.485	»	1.731.560
Graine de lin . .	158.279	357.965	1.178.991	30.545	»	1.740.430
Pois chiches . .	808.375	320	63.322	2.123.428	»	3.071.807
Orge	»	176	450.807	343.672	»	846.141
Amandes . . .	279.675	2.617.109	914.007	»	»	3.981.219
					Egypte et Tripoli	
Fassoukh . . .	27.457	244.938	220.694	5.362	8.342	509.720
Babouches . . .	160.718	»	256.625	62.016	1.207.175	1.686.534
Fèves.	26.090	40.460	2.453.196	557.703	»	3.120.141
Produits divers. .	. . . . .	. . . . .	. . . . .	. . . .	. . . .	. . . . .
TOTAUX. . .	4.003.116	8.061.785	12.879.594	6.427.920	. . . .	36.489,416

Tableau du Commerce du Maroc en 1905[1].

1905	EXPORTATIONS	IMPORTATIONS	TOTAUX
Grande-Bretagne	10.581.807 fr.	25.129.893 fr.	35.711.700 fr.
France.	13.630 629	30.215.631	43.846.260
Allemagne	8 241.408	4.961.124	13.202.532
Espagne	4.324.294	1.607.230	5.931.524
Italie	1.869.386	2.263.185	4.132.571
Belgique	8.719	3.223.080	3.231.799
Etats-Unis	2.312.402	80.766	2.373.168
Autriche-Hongrie	» »	1.109.278	1.109.278
Egypte et Tripoli	1.215.043	» »	1.215.043
Autres pays	412.458	494.474	906.932
	42.596.146	69.084.661	111.680.807

[1] Les statistiques françaises relatives au commerce du Maroc en 1905 n'étant pas encore publiées, nous donnons les statistiques anglaises extraites du rapport de M. White, consul d'Angleterre à Tanger *(Diplomatic and consular Reports*, n° 3730, novembre 1906).

Tableau donnant le pourcentage du Commerce de chaque pays avec le Maroc en 1904 et 1905.

	EXPORTATIONS		IMPORTATIONS		COMMERCE TOTAL	
	1905	**1904**	**1905**	**1904**	**1905**	**1904**
Grande-Bretagne	24 7/8	28 3/4	36	50 3/8	32	41 7/8
France	32	22 7/8	43 3/4	31 3/8	39 1/4	28
Allemagne. . .	19 3/8	20 3/8	7 1/8	7 3/8	11 3/4	12 1/2
Espagne . . .	10 1/8	15 1/4	2 1/4	1 3/8	5 1/4	6 7/8
Autres pays . .	13 5/8	12 3/4	10 7/8	9 1/2	11 3/4	10 3/4

Dans ce tableau, la Grande-Bretagne comprend Gibraltar et Malte et la France, l'Algérie et le Sénégal.

TABLE DES MATIÈRES

Lyon. — Imp. A. REY, 4, rue Gentil. — 44110

www.ingramcontent.com/pod-product-compliance
Ingram Content Group UK Ltd.
Pitfield, Milton Keynes, MK11 3LW, UK
UKHW031940260826
14628UKWH00004B/1762

9 782013 669641